超実践
株式投資のプロ技

プロはどうやって確実に勝ちを積み重ねるのか

元証券ディーラー 高野 譲

彩図社

はじめに

どんな投資にも必ず成功と失敗がある。
株式市場における投資家の理念は、企業にお金を貸して応援するといった純粋な倫理に基づいている。しかし、投資という「取引」には、必ず相手方が存在し、利益相反なる投機的要素を帯びている。相手から将来の利益を奪い、投資家は自分の投資判断が正しかったことに満足する。もし買った株式が値下がりしたら、売った相手方の思惑通りとなる。個々の銘柄には日々の値動きがあり、成功と失敗はその取引の一瞬で決まるのだ。

結局、投資家の腕前や資質たるものは獲得利益でしか測れないが、どこの誰がどんなやり方で成功し失敗しているのか――

私を含めた投資家やトレーダーの頭の中には、常にこの「疑問」が横たわっている。一貫して勝利する者が身近にいるのなら誰もが儲かる秘訣を暴こうとする。しかし、互いに顔の見えない株式市場の世界で、その機会を得ることは難しいだろう。

株式投資に関する私の経歴は、個人→機関（証券会社）→個人と渡り歩き、足し合わせて個人投資家10年、機関投資家も同じく10年でトータル20年となる。

証券会社のトレーダーや投資仲間を通じて、勝った者、負けた者の実像を目撃し、人生の大部分を使って「答え」を模索してきたつもりである。前述した通りに、腕前を獲得金額で測るのなら、機関を経て再度の個人投資家となった現在の私の成績は、いずれの過去の自分をも大きく上回っている。

要するに、私は自分が投資家でありながら、実に多くの「他者」を目にしてきた。その数は200人ほどになるだろう。一人ひとりと向き合い、どうすればいいのか、何が悪かったのかを話し合った。常に、被検体は人間そのものであり、私にとっての投資すべてに自分を含めた「人」が常に関わっていたのである。本書では、その中でほんの一握りしかいない一貫して勝利する被検体をプロ投資家、またはプロトレーダーとして扱っている。

よって本書は株式投資で成功する術を企業の業績などからアプローチしたものではなく、一貫して利益を出し続ける人の全解剖、つまりは投資に必要となる知識と考え方、そして多くの手法に、私的な解説を加えて精緻に模写したものである。いわばプロトレーダーの実践的かつ問答無用に成功する方法をシャッターに収めたようなものだ。

本書は、計算と数列で相場を紐解くような悪あがきをせず、プロのやり方そのものを解説したことで、更なる向上を求める投資家はもちろん、投資を始めて間もない人でも活用できる「決定的な内容」となっている。読み進めると、プロとアマが正反対の考え方をしていることに面白味を感じるだろう。

本書は、次にあげる6つの章から構成されている。

・第1章「相場を読み解くプロトレーダーの情報術」

株式投資を実施するにあたり、情報源をどこに求めるべきか、そしてどう活用すべきかについて解説した。

・第2章「銘柄選びの極意　プロの実践トレード術」

ここでは、市場の選別から入り、数ある銘柄の中から相対的に1つに絞り込む過程を解説した。また、例としてニュース情報を利用した実践形式の取引を紹介した。

・第3章「勝率を高めるプロの買い方・売り方」

株式トレードの基本である順張りと逆張り、そして厳格なルールに基づく損切りと資金管理について、プロトレーダーと一般トレーダーを比較しながら解説した。

・第4章「プロが厳選！　テクニカル分析法」
株式をトレードするにあたり、最も効果のあるテクニカル分析（もち合い上放れ、ボラティリティ曲線等）をピックアップして解説した。

・第5章「勝ちを積み重ねるリアルタイムトレード」
プロトレーダーが場中の値動きのどの部分に着目し、一手を打つのか、主に板読みや節目などリアルタイムトレードについて解説した。また、一貫した月間利益を獲得するための絶対ルールを実戦形式で導き出した。

・第6章「最強トレーダーの思考的解釈」
成功と挫折の要因とは何か、勝ち続けるトレーダーとそうでないトレーダーとの思考的差異について解説した。

日本の国民性の長所は、1を10にすること、設計図さえ手にしてしまえば最高の品質に作り替えてしまうことだと言われている。一方で、短所となるシャイで無口な性格が、物事を知らないまま通したり、物事を自分の領域に持ち込み恣意的に処理してしまう。本書は、この長所を生かし短所を補うためにある。

凄腕の投資家にとって本書の内容は基本的なものかもしれないが、このプロの設計図が一般の人たちの手に渡ることで、より洗練されたものへ生まれ変わり、才能を開花させたプロ中のプロと呼ばれる投資家が多く誕生するだろう。

第2章　銘柄選びの極意　プロの実践トレード術

第4章　プロが厳選！　テクニカル分析法

第5章　勝ちを積み重ねるリアルタイムトレード

第6章　最強トレーダーの思考的解釈

1・トレーダーはなぜ成功し続けることが難しいのか？

第1章

相場を読み解くプロトレーダーの情報術

1・はじめに指数を整理しておこう

株式投資を行うにあたり様々な情報が耳に入ってくる。国際情勢や政治、企業ニュースや個人投資家の噂など……。

その中でも不動の地位にあるのが株価の指数情報ではないだろうか。テレビのニュース番組では「本日の終値は○○円です――」と一言告げてカメラが切り替わる。この指数を聞いた投資家は、明日の投資にどう役立て、何を考えるのだろう――

指数と株式をセットで扱うことにより、実に多くのプロ投資家が誕生している。指数は他の情報より投資に対して直接的であり、適材適所に使用することで有利な立場に立てるのだ。

ここでは、まず投資家に必要な国内外の指数情報を絞り込み、それを活用する基本的手法、また指数情報をリアルタイムで活用できる環境づくりにも挑戦してみよう。

・日経225指数と東証マザーズ指数の基本

日本市場で指数といえば、日経平均株価やTOPIX（東証マザーズ指数）が有名だが、他にも業種や企業規模、成長株と割安株の平均株価など、誰が活用しているのか分からないようなものまで含めると、２００種類は存在しているだろう。統計ならば何でも指数になっていて、活用の仕方を知らないと混乱を招くこともある。

トレードに指数を役立てようとする時、必要性があるのは先に挙げた「日経平均株価指数」と「東証マザーズ指数」の２つだけである（後に他の情報も参考指数として付け加える）。

日経平均株価指数は、東証一部市場の選抜２２５企業の平均株価であり、東証マザーズ指数はマザーズ市場全体の時価総額から計算された株価指数である。指数を算出する方法として、平均株価型と時価総額型があることも頭に入れておこう。では、この２つの指数を株式投資に生かすにはどうすれば良いのか、順を追って説明しよう。

指数の選び方については、東証1部・2部市場の株式に投資する際には日経平均株価指数を、マザーズ市場の株式には東証マザーズ指数を選択する。

そしてポイントは指数をチャートで扱うこと。

例えば、トヨタの株式を買おうと決意した時、トヨタと一緒に日経平均株価指数のチャートも開く。手間を省くために、株式に加えて指数チャートもパソコン画面上で開きっぱなしにしている投資家が多い。

株式投資に指数情報を用いる利点は、市場全体の水準（平均値）を参考にすることができる点にある。

例えば、①市場全体が低迷している中で株式を買うのか、②市場全体が活況している中で買うのか、といった「比較」ができるのだ。株式と指数の水準を比べて未来を予測することが可能で、投資家にとって貴重な情報源になっている。いくつかのパターンを見てみよう。

①市場全体が低迷（下落）している中での判断

もし指数チャートが下降トレンドで下がり続けているのに、ある銘柄の株式だけが下がらない、もしくは上昇している時、その銘柄は買いである。

②市場全体が活況（上昇）している中での判断

もし指数チャートが上昇トレンドで上がり続けているのに、ある銘柄の株式だけが上がらない、もしくは下落している時、その銘柄は見送りである。

指数チャートが上昇トレンドにある中で買いになるのは、指数の上昇を上回る上げ方をしている株式である。

株価と指数の動きを銘柄選びに生かす

①市場全体が低迷している中での判断

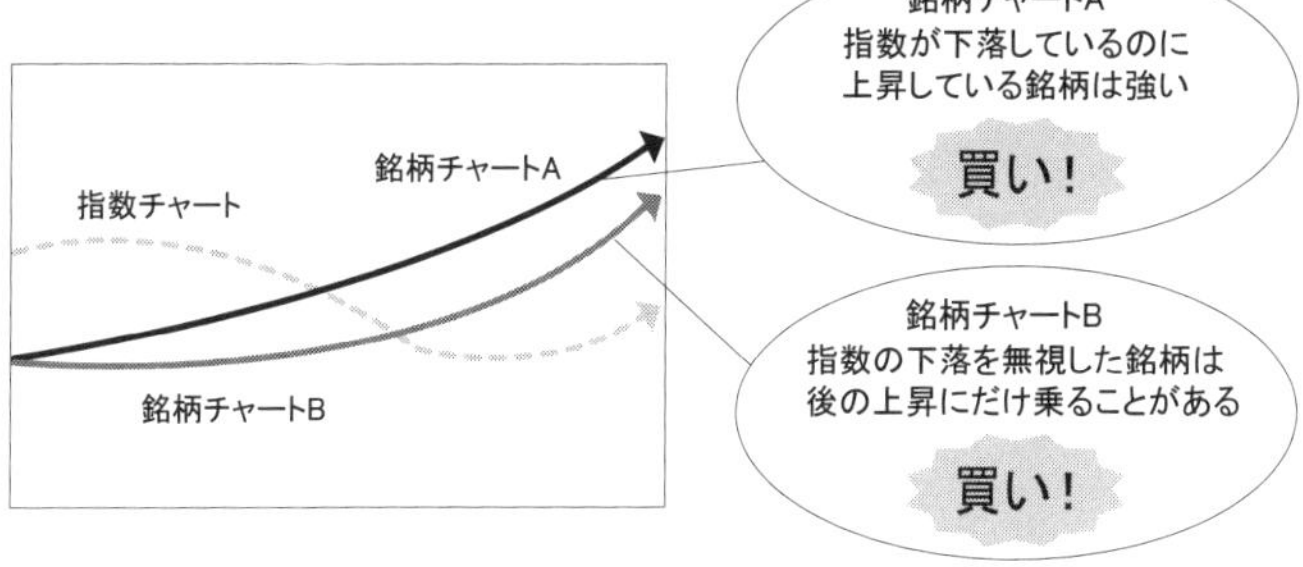
指数チャート
銘柄チャートA
銘柄チャートB
銘柄チャートA
指数が下落しているのに
上昇している銘柄は強い
買い！
銘柄チャートB
指数の下落を無視した銘柄は
後の上昇にだけ乗ることがある
買い！

②市場全体が活況している中での判断

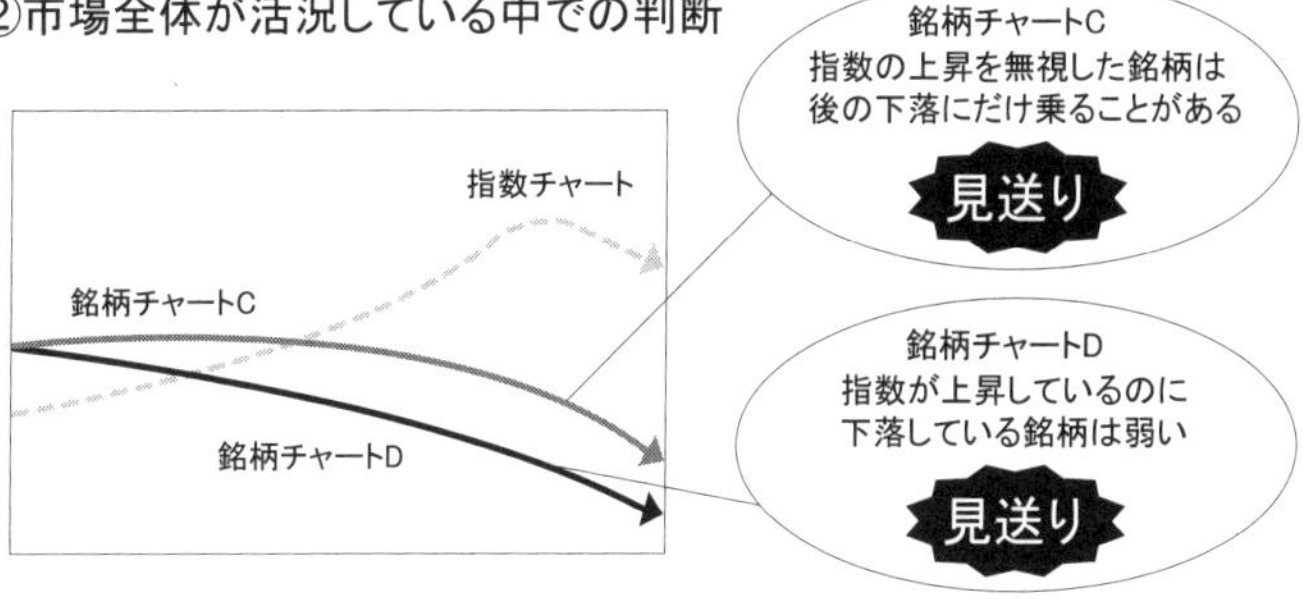
指数チャート
銘柄チャートC
銘柄チャートD
銘柄チャートC
指数の上昇を無視した銘柄は
後の下落にだけ乗ることがある
見送り
銘柄チャートD
指数が上昇しているのに
下落している銘柄は弱い
見送り

市場全体の雰囲気や変化を読むと同時に、その中で買うと決めた銘柄がどんな反応を示しているのか。

指数と連動する株式が、指数を上回るパフォーマンスをしている時や、指数に対して反発した値動きをする株式からは何かが匂う、それなりの理由があるはずだと勘づくことができる。

株式投資と指数情報のセットが投資家の基本スタイルとなるのは、この指数チャートと株式チャートの比較により、ぱっと見ただけで変化が分かる利点が、投資対象の増加、つまり監視する銘柄が増えてきた場合においても、有効な手立てになっているからである。

・株価指数の不思議

株価指数の値動きには「寄与度《きよど》がもたらすクセ」というものが存在する。

それは、日経平均株価指数が500円上がっても1000円上がっても、自分の買った株式（持ち株）が上昇しない時の原因の1つになっている。前項で学んだ投資判断に従えば、指数が上昇しているのに上がらない株式はハズレに該当する。投資家によっては「信じて買った株式が上がらない、蚊帳の外だ！　僕の投資は失敗だった」と、祝杯ムードの中で潔く売却の決断を下すだろう。

しかし、その決断は時期尚早であり、寄与度がもたらすクセを知っていれば売却しなくて済む場合があるのだ。

寄与度とは、ある株式が指数にどれほどの騰落幅を与えたのかを示すもので、寄与度の高い株式が動けば指数も引きずられて動いてしまう。よって、寄与度の高い株式の2つないし

３つが同時に動くと、指数の方向性が９割方決まってしまうのだ。つまり、指数には騙しのような上げ方が存在するのである。その原因を指数の算出方法から知ることができる。

日経平均株価指数は、選抜２２５銘柄の株価（みなし額面で換算）の合計金額を「除数」で割って算出している（除数は株価平均を算出する際に、市況変動によらない価格変動を調整し、連続性を維持するためのもので、この方法による算出を一般には「ダウ式」と呼ぶ）。よって、概ね株価が高い株式の影響を受けやすい。

一方、東証マザーズ指数は時価総額型なので、時価総額（発行株式数×株価）の高い株式から影響を受けやすいのだ。

「寄与度の高い銘柄一覧」を見てみよう。

日経平均株価指数に対する寄与度の高い株式は、上からファーストリテイリング（９９８３）、ファナック（６９５４）、ソフトバンク（９９８４）であり、これら株価が高い銘柄を「値がさ株」と呼ぶことがある。

一方、東証マザーズ指数に対する寄与度の高い株式は、ミクシィ（２１２１）、サイバーダイン（７７７９）、パークシャテクノロジー（３９９３）と続いている。このランキングの順位は早々に変わることがないので、各指数の上位３銘柄を覚えておこう。その中でも特

日経平均　寄与度の高い銘柄一覧

銘柄名	株価（※みなし50円換算）
1位：ファーストリテイリング（9983）	40,980円
2位：ファナック（6954）	26,395円
3位：ソフトバンク（9984）	25,455円
	2018/3/2　現在

※みなし50円換算＝株価×（50円÷みなし額面）

➡ 値がさ株が日経平均株価を押し上げる

マザーズ指数　寄与度の高い銘柄一覧

銘柄名	時価総額※
1位：ミクシィ（2121）	3,254億円
2位：サイバーダイン（7779）	2,144億円
3位：パークシャテクノロジー（3993）	1,939億円
	2018/3/2　現在

※時価総額＝株価×発行済株式数

➡ 時価総額の高い銘柄がマザーズ指数を押し上げる

に注目しておきたいのが、ファーストリテイリング、ファナック、ミクシィである。これらを第二の指数とするプロ投資家が比較的多いのだ。

裏を返せば、これら寄与度の高い株式を操ることで、所属する株価指数の値を操作できてしまう。

現に、上位3銘柄が独り歩きして日経平均株価指数が上昇しているケースが散発される。

悪用されるような言い方

だが、実際に相場では機関投資家が死にもの狂いで値がさ株を買って、指数を吊り上げるケースが目立っている。少ない資金で相場を動かそうとするこのやり方を、騙しと呼べるのか定かではないが、自分の株式だけが上がらないことがあるということ、指数の上昇に追従できないその株式が悪いのではなく、ただ単に少数派の思惑で寄与度の高い株式が上昇しているパターンがあるということである。もちろん、それら株式に好材料があって正常な値付けが行われていることも考えられる。

しかしたとえ正常であっても、この状況で考えられる私たちの最善策は、「何もしないこと」である。つまり、寄与度上位３銘柄が一方的に指数の上昇をしのぐ上げ方をしている場合は、見送りである。

例えば、日経平均株価が２万円の大台に達する場面（２０１５年４月頃）では、値がさ株しか動いておらず、その後２万９００円まで上昇させるに至ってはファーストリテイリングしか上昇していない。まるで目標を達成するために利用されたような形になっている。

次ページの図は、日経平均株価指数の基準日を１００とした比較チャートである。このクセを投資にどう生かすかは、投資家によって様々である。少数の思惑で動いた値幅分は後日帳消しになることが多いので、ファーストリテイリングの空売りによる戦略も考えられるが、

値がさ株しか動いていない相場は注意

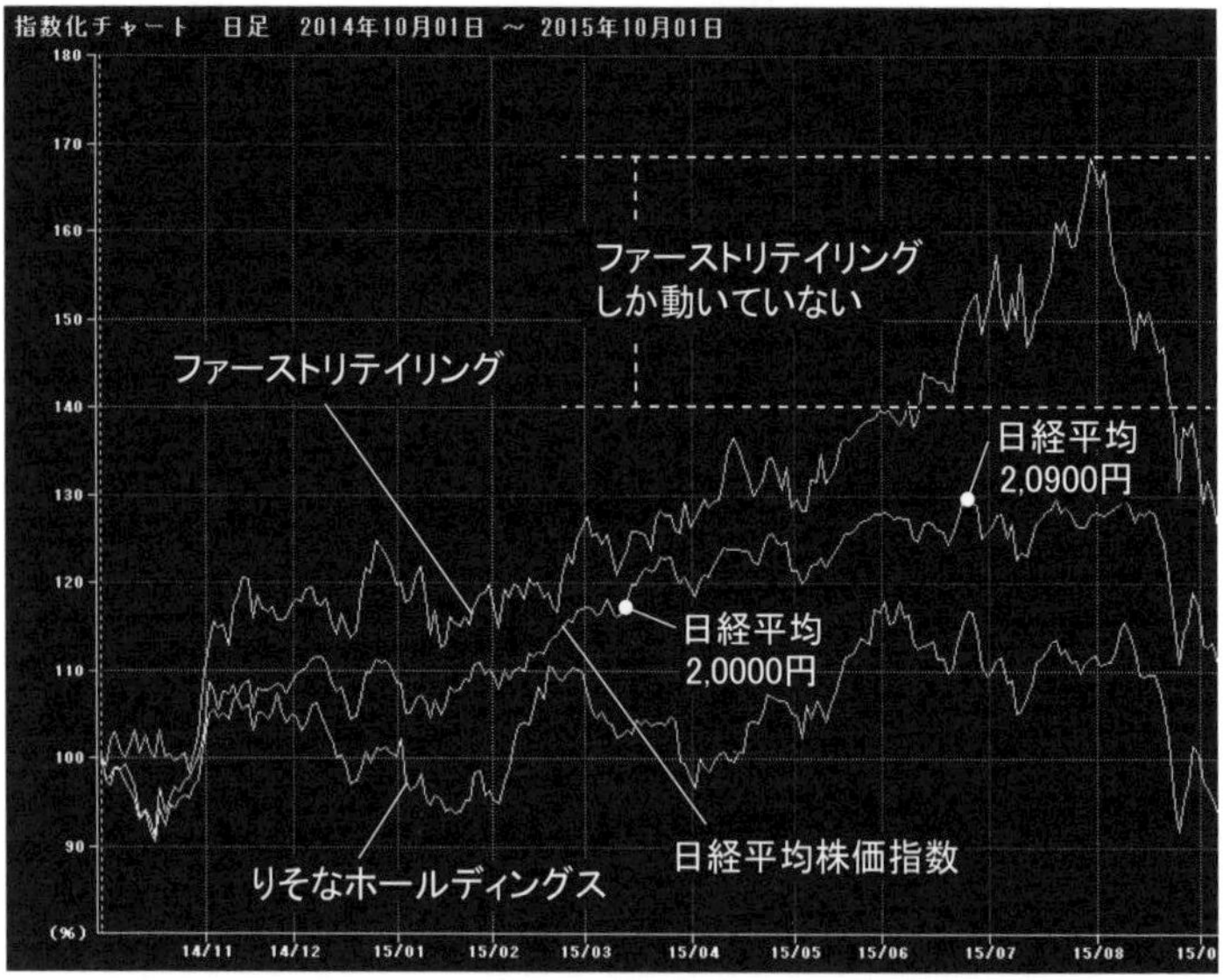

➡ 機関投資家が日経平均株価を吊り上げるために
買っている可能性があるので参入には慎重になるべき

値幅の荒さで非常にキツい。やはり様子見を決め込むのが良策だろう。

・外国株価指数と為替市場を見られるようにしておく

「株を買うと世界が変わる！」と言われるように、株式投資を始めると国境のないグローバルな世界観を持つことができる。

その発端となるのが、外国株の動向やドル円為替といった通貨指数の行方である。海外で外国株が急落すれば、その理由を探ることになり、一夜明けたニュース一覧は日本株への影響を投じたレポートが埋めているだろう。これを株式投資では「外部要因」という。

海外からの外部要因を手短に得るには、外国株価指数チャートと為替チャートを用意することである。日本の投資家は海外ニュースを隈なくチェックすることができない。英語が苦手でそれが毎日となると気が重くなってしまう傾向がある。

しかし、事は相場にあり、チャートが教えてくれるのだ。外国株価指数や為替チャートに大きな変化がない限り、海外のニュースを調べる必要はないのである。

外国株価指数は、貿易相手国のシェア2位までの「アメリカ」「中国」指数だけで十分である。アメリカ株価指数は夜に注目し、中国株価指数は日本と取引時間が重なるので参考程度に動きを捉えておこう。

そして、特にアメリカの株価指数チャートの取得について、投資家の間でいささか混乱を招いている。どの指数情報をどこで取得することがベストなのかを誰一人として提示していないのが原因である。

アメリカの指数で重要なのは、「ＮＹダウ株価指数」「Ｓ＆Ｐ５００」である。

NYダウ株価指数

ダウ工業株30種と呼ばれるように、アメリカにおける優良30企業の平均株価である。日経平均株価指数と同じ種の算出モデル（平均株価型）を採用している。

S&P500

S&P500種株価指数とも呼ばれている。アメリカにおける代表500銘柄の時価総額型の平均株価であり、アメリカ経済のパフォーマンスを表す最良の単一尺度として広く認められている。マザーズ指数と同じ算出方法（時価総額型）である。

この2つの指数情報を大元から取得するには、アメリカやシンガポールに口座開設しなければならない。または、日本の証券会社の外国株口座か、ネット検索した海外指数チャートだろうか。しかし、どれもチャート自体が余りにも脆弱で使い勝手も悪い。

では、外国の一般投資家は日本の株価指数をどうやって見ているのか——。外国人は日本の証券会社に口座開設すらできないのだ。

答えは、「CFD（Contract For Difference）」で見ているのである。CFDを取り扱う会社のチャートツールを1つ起動するだけで、世界中の外国株価指数と為替市場を一望できるのだ。

ＣＦＤとは取引所を介さない派生商品であり、国内外のあらゆる市場を複写したようなものである。投資家はＣＦＤ業者とお金だけをやり取りする。ＣＦＤ取引でＮＹダウ1万５０００ドルの複写チケットを1枚買い、１００ドル上昇したところで換金すれば１００ドル（レバレッジ1倍の場合）が利益である。近年、いろいろなものが派生商品としてＣＦＤで取引できるようになっている。しかし、ここはＣＦＤの売買を勧めるコーナーではないので、ＣＦＤ取引業者を利用して、株価指数と為替チャートを株式投資に活用する環境を整えてみよう。

「ＮＹダウ株価指数」「Ｓ＆Ｐ５００」「為替チャート」、そして中国の「上海総合株価指数」をチャート表示させるには、最低でも次に挙げた金融会社の1つで「デモ口座」の開設をする必要がある。

海外業者（ＭＴ４有）

メタクォーツソフトウェア社「http://www.metatrader4.com/ja」

ＦＸＰＲＯファイナンシャルサービス社「http://www.fxpro.com/jp」

ＴＩＴＡＮ　ＦＸ社「https://titanfx.com/ja」
その他海外ＦＸ会社

お勧めなのがＦＸＰＲＯを代表とした海外企業のデモ口座開設である。これらの企業が扱うＣＦＤ取引は、「ＭＴ４」というツールを介して行われる。このＭＴ４を自分のものにするのが狙いと言っても過言ではないのだ。

このツールは非常にカスタマイズに柔軟性があり、今後のテクニカル分析に大きな威力を発揮するだろう。一生ものになること間違いなしだ。日本にもＭＴ４を扱う企業は存在するが、残念ながら為替だけで外国の株価指数を表示することができない。

ここで紹介した海外企業は日本の金融庁の管轄外である。よって、デモ口座の開設にとどまり本口座の開設は控えておこう。

国内業者（ＭＴ４無）
クリック証券（指数・商品ＣＦＤ）「https://www.click-sec.com」
ＩＧ証券株式会社「http://www.ig.com/jp」

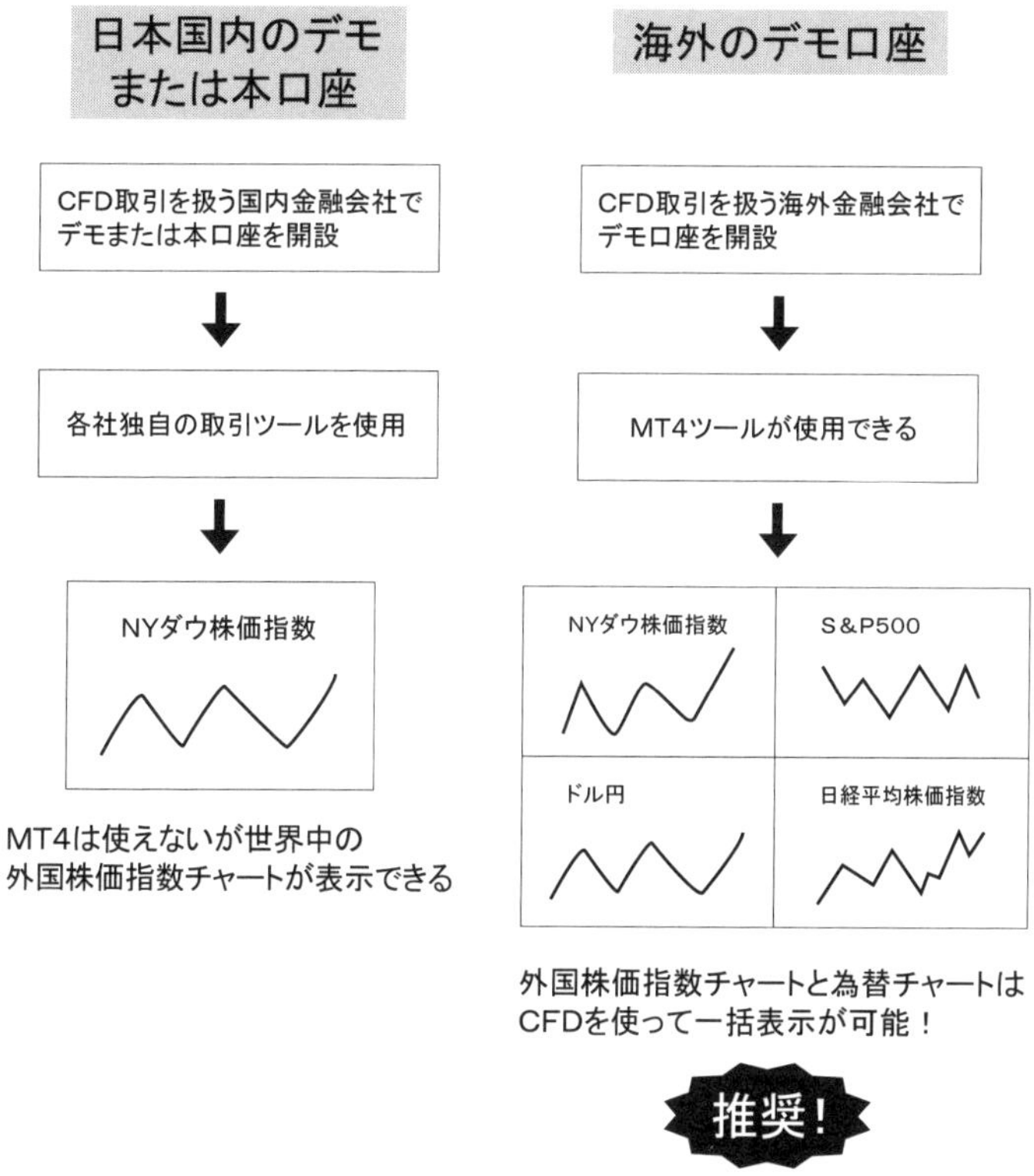
日本国内のデモ
または本口座
CFD取引を扱う国内金融会社で
デモまたは本口座を開設
各社独自の取引ツールを使用
NYダウ株価指数
MT4は使えないが世界中の
外国株価指数チャートが表示できる
海外のデモ口座
CFD取引を扱う海外金融会社で
デモ口座を開設
MT4ツールが使用できる
NYダウ株価指数
S＆P500
ドル円
日経平均株価指数
外国株価指数チャートと為替チャートは
CFDを使って一括表示が可能！
推奨！

海外企業に抵抗がある方は、これら日本の金融会社でデモまたは本口座を開設してみよう。MT4は使えないが世界中の外国株指数のチャートが表示できるようになる。

2・プロ投資家が巡回する情報源とは？

投資で利益を出し続けるプロ投資家に必要なものを3つ挙げるなら、「優れた技術」と「厳格な法則（ルール）」、また緻密に「統制された情報」と私は答えるだろう。

この三種の神器のような技術・法則・情報についてもう少し解説すると、技術とはトレードスキルのことで、法則とはマネーマネジメント、情報とは投資判断の要素になる部分のこと。指数に続いて本章のお題である情報をもう少し見てみよう。

投資にまつわる情報が、投資家の隅々まで行き渡る近年のＩＴ技術には驚かされるばかりだが、その反面危惧することも増えている。

なぜなら情報はニュースという形で届けられるが、ＳＮＳ（ツイッター等）の普及でその情報の量と範囲が余りにも大きすぎるからである。この機に情報を絞ることを考えてみよう。

プロの投資家は、情報が多いから勝てているのではなく、情報を削っているからこそ勝っているのである。

それは自分の投資判断に可変要素（人の意見等）を与えないためである。可変要素が増えると、どの要素で成功したのか、失敗したのかが分からなくなってしまう。人のせいにもできてしまう。

投資におけるアマとプロとの違いは、自分の投資判断に責任を持つか否かである。よって、機関投資家のトレーダーのデスクにレポートや助言に関するファイルが１つでもあったためしがない。人の投資判断に横やりを入れることはタブーの世界である。プロの投資家が調べるニュース情報とは、確実に起こり得ること、現に起こっていること（事後を含む）についてのみである。

・ニュース情報は決算だけ？

では、プロ投資家が活用するニュース情報の種類を見てみよう。

①日本経済新聞・ロイター・ブルームバーグ：政治・経済・マーケット情報
②会社四季報：事業内容（概況）・株価指標
③会社ＨＰ・適時開示ランキング：ＩＲ情報（決算発表・活動報告）

「ああ、有名どころばかりじゃんか……」と思う方もいるだろう。プロ投資家にとって情報は気休めの常備薬でなく、事実確認なので、配信源（記者のコメントの少ない記事）に近いところまで足を運んで収集するしか方法がないのである。

そして、ここでは紹介しないが株式テーマを煽る記事を専門にしたサイトを基準に銘柄を選ばないようにすること。なぜなら、勧められて買っているだけでは実力がつかないからである。臨機応変に、ここに挙げるサイトや雑誌で必要な情報を取りにいけるようにしておこう。

①日本経済新聞・ロイター・ブルームバーグ

日本経済新聞は投資家やビジネスマン向けの経済紙である。最近では電子版も発刊され、イギリスを拠点とするロイター通信社、アメリカの通信社であるブルームバーグと同様にWEB版で閲覧することもできる。

政治・経済のカテゴリーでは、国内外の政治・経済の展望が閲覧できる。一方、マーケット市況では市場の関心事の記事が多く、今日買われた銘柄や売られた銘柄の原因を知ることができる。

その中でもロイター・ブルームバーグにて月1回配信される「MSCIの銘柄入れ替え情報」

は、プロ投資家が最も注目するニュースである（次章参照）。これを除くと、テレビのニュース番組を観ているのと同じ感覚で構わないだろう。しかし、ワールドニュースを扱うこれら情報ベンダーは、世界を揺るがす大きな出来事で必需の情報源となる。

②会社四季報

こちらは年4回、3月、6月、9月、12月に東洋経済新報社から発刊されるハンドブックである。上場企業の事業内容や概況、株価指標（ＰＥＲ・ＰＢＲ・配当利回り等）といったファンダメンタル分析に役立つ情報がコンパクトにまとめられている。よって、長期投資家向けであり、割安銘柄を買い・割高銘柄を売る（ロング・ショート戦略）やバリュー投資には欠かせない情報源となっている。裏を返せば、チャートテクニカル分析で勝負するプロ投資家には不要である。

③会社ホームページ・適時開示ランキング

上場企業のホームページには、投資家向け（ＩＲ情報室）というメニューが用意されている。上場企業に限らず決算内容の公告は会社の義務であるが、その他でも新製品の発表や企業間の業務提携、増資や増配など投資家に向けた様々な情報が開示されているので役立つだろう。内容によってはライバル企業や他業種にも影響があり、翌日の株式相場で注目されることも頻繁にある。長期投資家のみならず、情報戦で短期トレードをする投資家にとっても必須の情報源である。

これを短期投資で生かすには、日本経済新聞社がオンラインで集計する「適時開示ランキング」が便利である。上場企業、約３５００社が開示したＩＲ情報を一箇所に集めたものであり、そのリアルタイムに更新されるＩＲ情報一覧は、アクセス数の多い順にランキングされている。これを活用すると、市場の関心が現在どの企業のＩＲ情報に向いているのかが一目で分かるのだ。市場の主だった値動きの解説は、このＩＲ情報を元に作成され、「①日本経済新聞・ロイター・ブルームバーグ」のマーケット市況へ配信される。

・業種や用途別に活用する情報

どこかで戦争があると潤うのは防衛関連等の軍事企業だろうか。日本でカジノが解禁されると、買われる株式は両替機を扱う企業か、参入があるなら大手のパチンコ屋かな……など、情報は連想ゲームの様相を呈している。そして「ポケモンＧＯ」が人気を博し、任天堂の株価が急騰したことも記憶に新しい。中には大地震の最中で建設株が買われるなど少し気難しい連想ゲームも存在する。

こういった投資判断の1つとなる「きっかけ」は、大手新聞社や通信社を通して伝えられることもあるが、当然のことながら株式が動いた後、すなわち事後報告となるだろう。該当企業の値動きが市場で目立たなければニュースにもならないし、会社ＨＰのＩＲ情報室を覗いても「戦争が始まるので当社は儲かるでしょうね」とは書いていない。戦争というきっかけを拾って連想するしかないのだ。

ここでは、身近にあるどの情報がどの企業（業界）に影響を与えるのか、そのパターン化された仕組みと、新たな情報サイトを掲載しながら、定番かつ普遍的なきっかけを挙げてみよう。


【外国人旅行者が増えると？】


最近、注目を浴びているのがインバウンド（外国人の訪日旅行）消費という言葉である。２０１７年に日本を訪れた外国人旅行者は、約２８６９万人で前年比19・３％増と伝えられた（観光庁）。旅行者の7割以上がアジア地域からである。

その理由は世界同時の好景気に他ならないが、２０１６年の爆買いで名を馳せた中国人旅行者を例に述べると、日本「円」は中国「元」に対して一時的に半額程度の価値に落ち込み、中国人が日本国で買うものすべて50％OFFという状況であった。しかし、2017年以降はレートの落ち着きと共に一人当たりの中国人旅行者の支出は低下傾向にある。

旅行者が増えると幅広い業種に恩恵があるが、主にアジア向けのサービスという特徴を付け加えよう。

・影響を受ける業種

空港サービス、旅行・観光、デパート（宝飾品、生活必需品）、家電

・恩恵を受ける銘柄

ラオックス（8202）、KNT－CTホールディングス（9726）、駅探（3646）、アドベンチャー（6030）など

・情報源サイト

日本政府観光局－訪日外客統計「http://www.jnto.go.jp/jpn/index.html」

【原油価格が安くなると？】

原油価格が安くなって喜ぶのは船乗りや走り屋の方々だろうか。実生活で困る人は思い浮かばない。しかし、株式市場に目をやると明暗がはっきりしている。価格が下がると石油が原材料の企業は喜び、石油が元売りの企業は憂うことになるのだ。

２０１４年後半から下落し始めた原油価格が一時的であれ高値から3分の１まで下落したことは記憶に新しい。原油価格の変動は、主にサウジアラビアを筆頭とするＯＰＥＣ諸国の供給量に左右されている。

・影響を受ける業種

石油元売り、石油商社、ゴム・石化大手（化学）

・恩恵を受ける銘柄（原油価格下落にて）

横浜ゴム（５１０１）、ブリヂストン（５１０８）、三井化学（４１８３）、三菱ケミカルホールディングス（４１８８）、東ソー（４０４２）、旭化成（３４０７）など

・情報源サイト

原油先物チャート（商品先物・ＣＦＤなど）

【天候の悪い日が続くと？】

天候が悪いと個人消費が落ち込む。レストランやデパートの客足が途絶えることは想像に難くない。しかし、天候不順にならって買った株式を売却している投資家は少ないだろう。それは企業側にキャンペーンを打って挽回する余地がまだあるからだ。

天候不順（長雨や日照り）・異常気象と聞いて投資家が最初に連想するものは、決まって農作物である。特に夏（6月〜9月）の長雨が続くと、米や野菜市況が先高となり、その宝の在庫を抱える卸売り企業が潤うことが予想できる。

・影響を受ける業種

農作物生産、米穀卸売り、気象関連

・恩恵を受ける銘柄

ヤマタネ（9305）、木徳神糧（2700）、ホクト（1379）、ウェザーニューズ（4825）など

・情報源サイト

気象庁「http://www.jma.go.jp/jma/index.html」

【冷夏になると?】

これも天候不順の1つなので紹介しておこう。

冷夏は長雨と同じように農作物に影響を与える。しかし、冷夏の連想ゲームでは先に「エアコンの売行き」が浮かぶようにしておきたい。

日本電機工業会は民生用電気機器の統計資料を毎月発表している。資料の内容はエアコン、掃除機や電子レンジなど白物家電の国内における出荷実績である。冷夏におけるエアコンの売行きだけでなく広範囲の調べごとに役立つだろう。

・影響を受ける業種

空調・冷凍機器

・恩恵を受ける銘柄

ダイキン工業（6367）、富士通ゼネラル（6755）など

・情報源サイト

日本電機工業会「http://www.jema-net.or.jp」

海運株には大きな波動（周期）がある

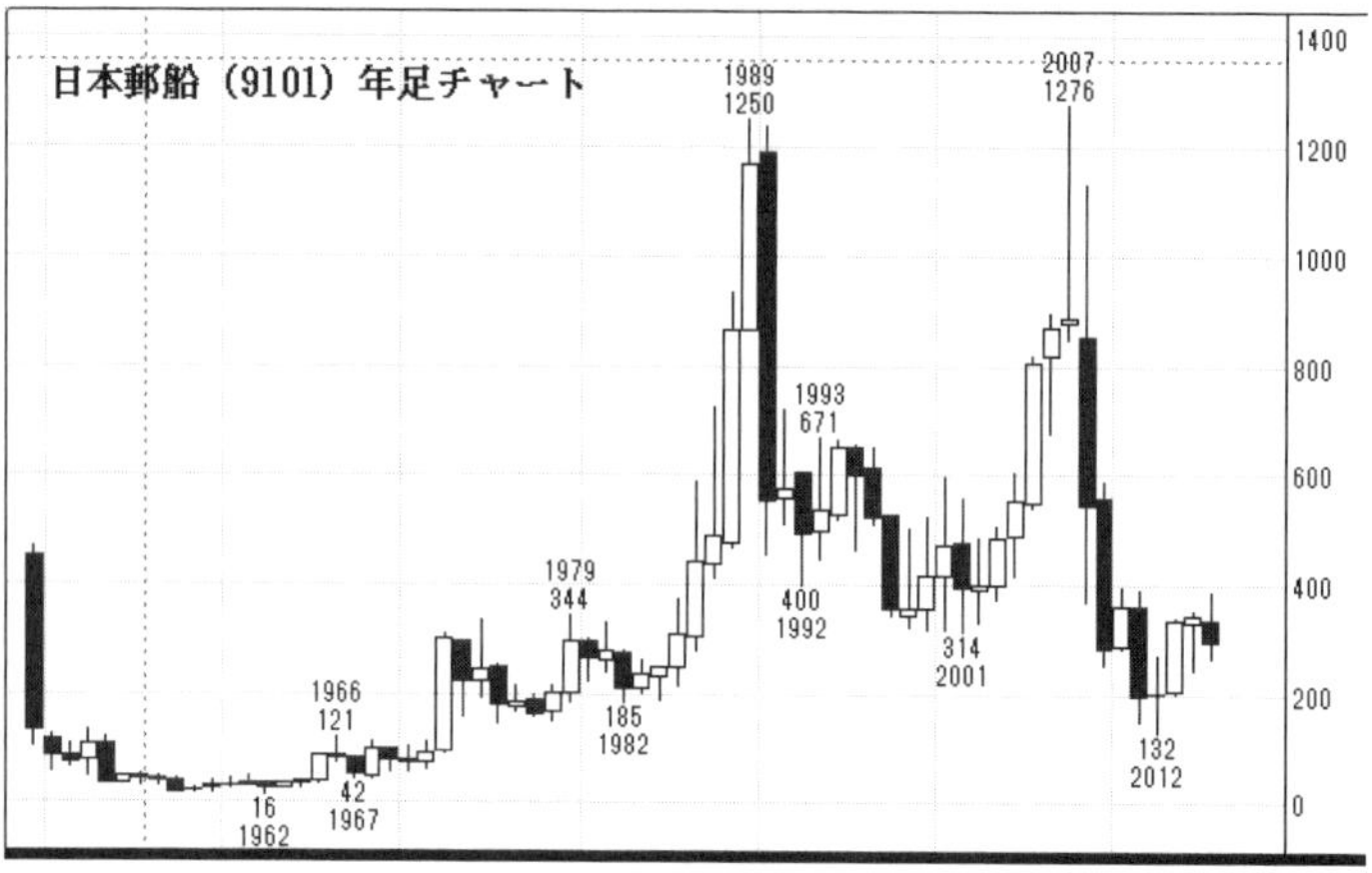

➡ 値動きが活況になったときはバルチック海運指数をチェックする

【海の貿易が活況になると？】

国際間の物流は現在でも海運（貨物船による輸送）が主力である。日本を例にしても重量ベースで99・7％の荷物が船を使って諸外国へ運ばれている。このことから、海運市況を調べることで、世界経済が分かるとまで言われている。

投資家が海運市況を調べる際には「バルチック海運指数」を利用する。この指数はロンドンの海運取引所が海運会社などから乾貨物（鉄鉱石や石炭、穀物）を運搬する外航不定期船（ばら積み船）の運賃を聞き取って算出している。

株式市場における海運株は地味で静かな部類に属する。しかし長期波動を持っており、奮い立つと一財産を築くほどの大相場があるかもしれない。株式市場で海運株が活況になったら、バルチック海運指数を毎朝チェックするようにしよう。

・影響を受ける業種

海運業

・恩恵を受ける銘柄

日本郵船（９１０１）、商船三井（９１０４）、川崎汽船（９１０７）、明治海運（９１１５）、乾汽船（９３０８）など

・情報源サイト

バルチック海運指数チャート（ブルームバーグなど）「https://www.bloomberg.co.jp/quote/BDIY:IND」

第2章

銘柄選びの極意
プロの実践トレード術

1・プロ投資家の勝算はどこからくるのか？

ある投資家は出来高があって誰もが欲しがる株式をいち早く見つける。「なぜ、その銘柄を選ぶことができたのか……」毎日マーケットで利益を出し続けるその投資家に、私たちが愛顧のまなざしを差し向けても、「何となく——」といった曖昧な返事しか返ってこないだろう。

プロと呼ばれる投資家の圧倒的な勝率、または負けを取り戻す挽回劇には、第1章で解説した指数情報やニュース情報が深く関わっている。情報を元に比較を繰り返し、1つの銘柄に絞り込んでいる。この定石が勝算なのである。

ここでは情報の比較によって市場と銘柄を決定する要因、そして情報の活用方法を実践形式で解説していきたい。

・どっちを選ぶ？①　東証市場と新興市場

株式市場は「東証市場」「新興市場」の2つに分かれている。第1章で解説した日経平均株

「東証市場」と「新興市場」はシーソーの関係にある

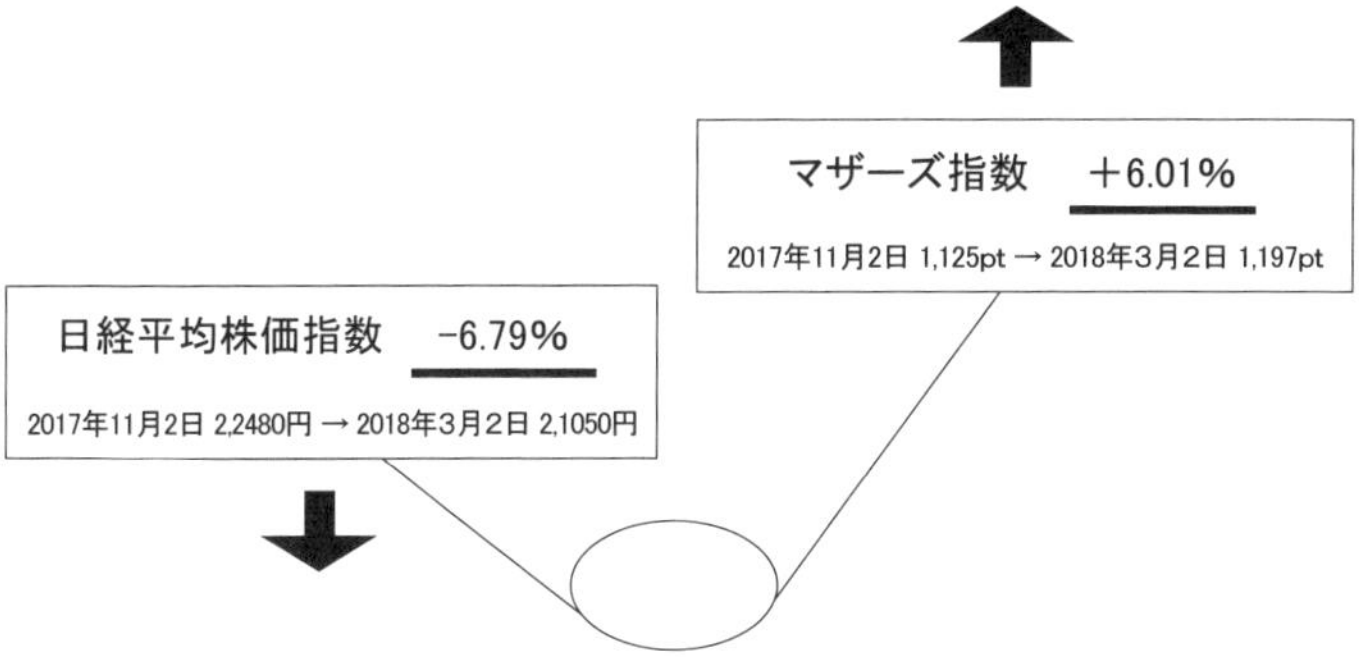

2018年は東証一部市場が売られ、新興市場が買われている

価指数と東証マザーズ指数をチャートでイメージすると分かりやすいだろう。

２つの市場には片方が上昇すると片方が下降する「シーソー」のような特性があり、株式投資を「市場単位」で捉えることが大切である。

上の図は２０１７年の後半から半年程度の比較だが、東証市場が軟調で新興市場が好調だったことが分かる。毎日の相場でも同様の現象が起こる。

よってプロ投資家は銘柄を研究しなくても相場に挑むことが可能なのだ。市場単位で予測するので個々の銘柄を細かく分析しなくても、ある程度の戦いができるということである。銘柄分析の前（後）に市場分析を加えることで勝率を高められる。

では、市場単位の予測を決まったパターンで行えるようにしておこう。

東証市場が上昇するパターン

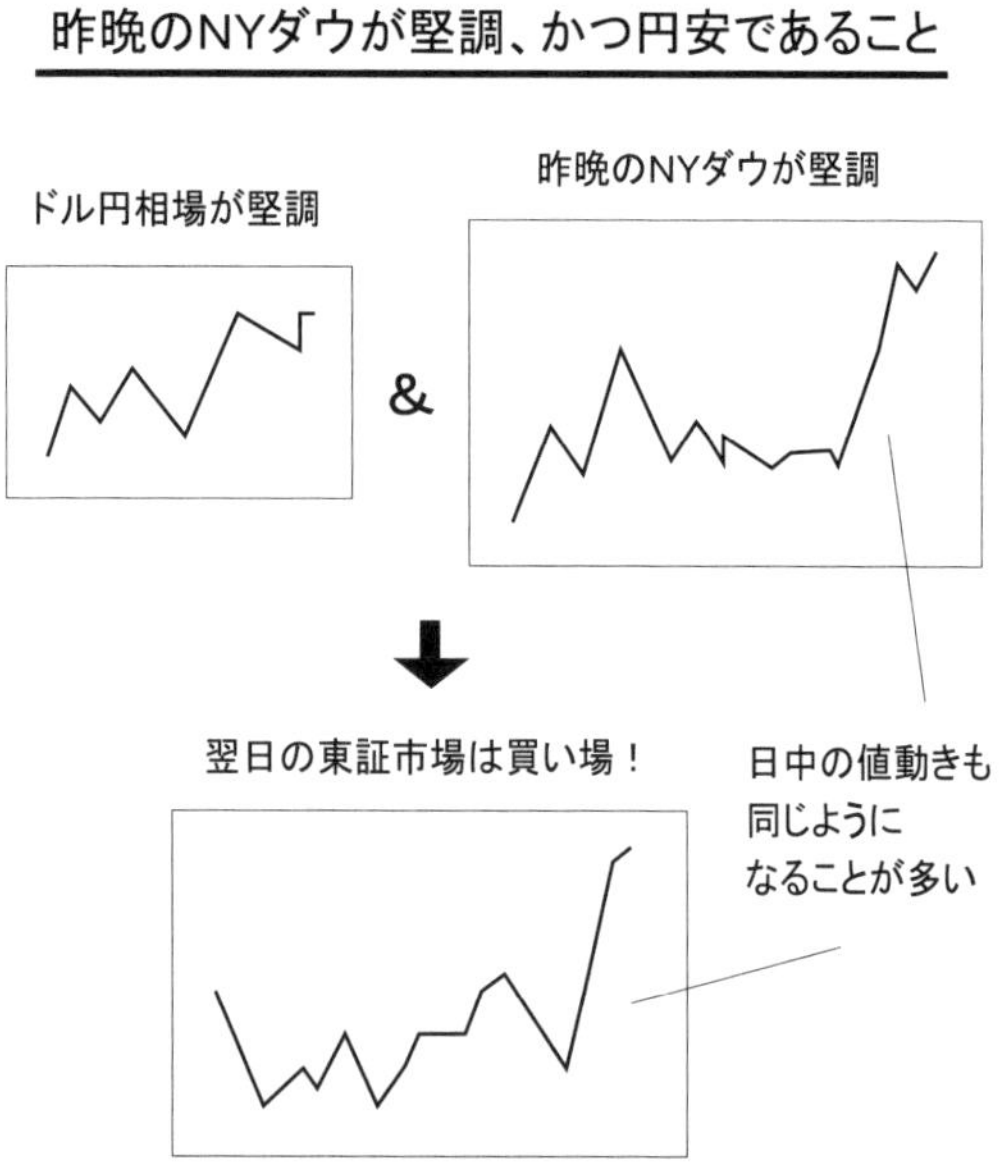
昨晩のNYダウが堅調、かつ円安であること
ドル円相場が堅調
昨晩のNYダウが堅調
&
翌日の東証市場は買い場！
日中の値動きも
同じように
なることが多い

・東証市場が上昇するパターン

昨晩のNYダウが堅調、かつ円安であること

↓NYの主力企業が堅調なら日本の主力である東証銘柄も安泰である。

翌日の朝からスタートする日本市場に特段のマイナス材料が発生しないかぎり、安心して買うことができる。

・新興市場が上昇するパターン

①昨晩のNYダウが軟調、かつ円高であること

↓翌日の東証市場の軟調が予測され、新興企業に期待が向けられる。

新興市場が上昇するパターン

①昨晩のNYダウが軟調、かつ円高であること

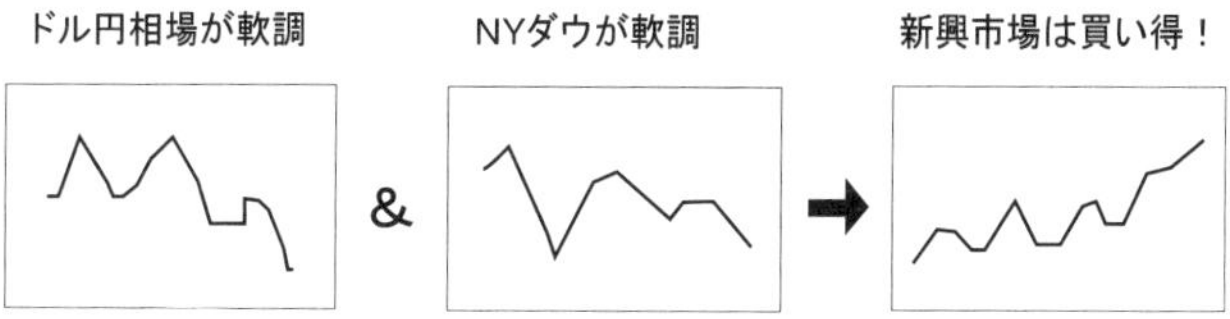
ドル円相場が軟調
NYダウが軟調
新興市場は買い得！

②直近の東証市場に出来高を伴う動きが少ないこと

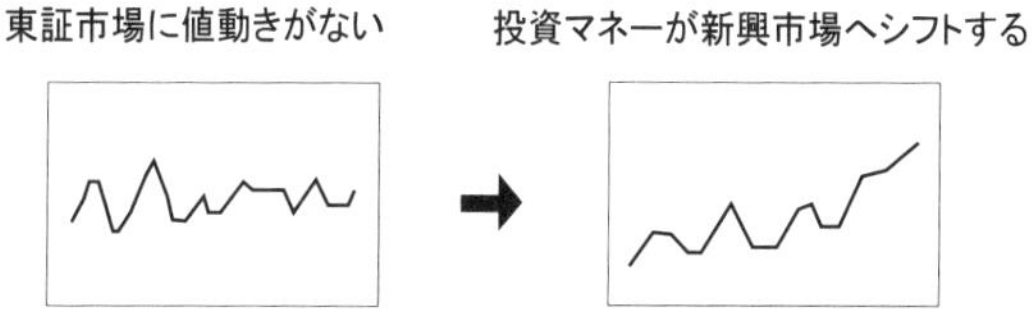
東証市場に値動きがない
投資マネーが新興市場へシフトする

③国内外の重要指数発表前で東証市場が様子見となる期間

②直近の東証市場に出来高を伴う動きが少ないこと
↓材料不足の状態。見切りを付けた投資マネーが新興市場へ向かう。

③国内外の重要指標発表前（決算期含む）で東証市場が様子見となる期間
↓大きな発表前の東証銘柄に値動きが望めないことから、新興市場へ資金が向かう。

ＮＹダウとは日本時間の夜間に取引されるアメリカの株価指数で、ＣＦＤ（ＭＴ４）等で値動きをチェックできる（28ページ参照）。ＮＹダウ株価指数の終値が翌日の日経平均株価指数に影響を与える。プロ投資家は、その日経平均株価指数の動きを予測して新興市場である東証マザーズ指数に属する株式を取引しているのだ。

・どっちを選ぶ？②　株式市場と先物市場

ここでのポイントは、日経平均株価指数を日経２２５先物ミニで扱うことである（先物取引口座は各証券会社で開設できる）。

日経平均株価の「指数」とは、当然のことながら株価の平均値「２万１０００円」といった算出結果の「数字」で提示されるものであった。それに代わる日経２２５先物ミニとはこの数字を株式のように売買する取引である。

投資家は日経平均株価指数を株式とセットで監視している。これまで参考程度にしかならなかった指数を、日経２２５先物ミニを使って取引するのである。状況によっては、株式の投資家であっても株式より日経２２５先物ミニを選択した方が有利なパターンがあるということである。

まず「日経２２５先物ミニ」（以後、先物ミニとする）の概要を抑えておこう。

・先物ミニ１枚あたりの必要証拠金は約7万円である
・レバレッジ約25倍の取引が可能
・決済期日があり、毎月の第２金曜日が満期日（ＳＱ）となっている

例えば、日経平均株価２万円で推移している時、先物ミニ１枚を購入するのに必要な資金は約７万円である。約７万円で購入した１枚は、実際には約１５０万円の取引をしていることになる（レバレッジ21倍）。そして、先物ミニ１月限は１月の、先物ミニ２月限は２月の第２金曜日の前日が最終売買日となっている。

・株式より先物を選ぶパターン

①国内外の大きなニュースが発表された時

重要指標である日銀金融政策決定会合（1、4、7、10月：12時30分頃）や為替介入（不定期）など、事前にアナウンスがある情報はいくつか存在する。

こういった重要指標の発表を狙い撃ちした投資は「投機」であるが、この投機でベストの選択は株式でなく先物ミニの方である。発表と同時に主力企業の株式も大きく反応するが、その動きは先物ミニに合わせたものになる。つまり株式より先に先物が動き、続いて株式が動くことになる。

そして先物ミニを選択するもう1つの理由は、上か下かの値動きがはっきりしているからである。例えば、日銀金融政策決定会合において先物ミニは「量的・質的金融緩和」の「決定」「現状維持」に素直に反応するのに対し、個々の株式銘柄はまばらに動いたりする。当たりはずれが多すぎるのだ。

為替介入においても円安を好感する企業は買われるが、内需の輸入業者などの株式は売られることになる。対して先物ミニは全会一致で上昇するだろう。情報の混交が株式の投機を難しくさせているのである。よって、大きなニュースでは先物ミニを選択するのがベストである。

②株式に保険（リスクヘッジ）を掛ける

保険を掛けるとは、保有する株式が下落した場合に損失を抑えることである。前述した概要の通り、先物ミニは1枚約7万円の証拠金で約１５０万円の取引が行える。よって、１枚で約１５０万円のリスクヘッジが可能と覚えておこう。

例えば、複数の株式を購入し、ポートフォリオ全体で３００万円の株式投資を行っていた場合、先物ミニ1枚をショートすることで50％のリスクカバーができる。

しかし、株式には個々の値動きが存在し、新興銘柄が含まれるなどポートフォリオの内容によってヘッジが効かない場合もある。先物ミニでヘッジできるのは東証銘柄のみであり、概ねリスクカバー率50％以下を目安に保険を掛けると扱いやすい。東証銘柄の株式３００万円に対して先物ミニ1枚をショート、これが1セットである。

そうすることで、日経平均株価指数の上昇に乗って利益を享受し、下落の時には投資金額の50％程度の損失補てんが可能になる。

保険が必要か否かについて少し考えてみよう。

まず短期トレーダーであるデイトレーダーなどは、危険を察知すると一目散にポジションを減らすだろう。保持している株式を売却することで難を逃れる。つまり先物ミニの保険（リスクヘッジ）を掛ける必要がない。

一方、株式を中長期保有する投資家にとって保険は有効である。彼らは重要指標の発表の度にストラテジー（戦略）を崩してリスクヘッジすることができない。つまり株式を売却して危険が去ったらすぐに買い直すといった小回りが利かない、そのような想定すらしていないだろう。よって保険を掛けるには先物ミニを選択するのがベストである。

また、考え方によっては株式そのものがリスクヘッジとなる。先物ミニ1枚のショートで150万円、2枚で300万円、株式ポートフォリオが300万円であるなら先物ミニを3枚の450万円にまで増やすと、バイアス（偏り）が逆転する。損失の補てんであったはずの先物ミニの利益が、株式ポートフォリオの損失を上回る。

プロ投資家はこのような状況をひっくり返す兼ね合いで先物ミニを利用することもある。このバイアスの逆転では投資の主体が先物ミニ、株式が保険に変化する。株式ポートフォリオを軸に、バイアスをどちらに傾けるのか、自分の相場観に合わせて先物ミニの量をコントロールしているのである。

・銘柄を先物との感応度から選ぶ

第1章では、日経平均株価指数をベンチマークにして株式との比較にチャートを用いた。指数が1％なら2％上昇するような、パフォーマンスの高い株式を選択することがベストだった。

しかし、この評価には一定の時間が掛かる。指数と株式のチャートを並べて定規で測るかのように強い株式を探さなければならない。プロ投資家の中には短期トレーダーも存在する。毎日50～２００回と取引する短期トレーダーは悠長に構えていられないだろう。

彼らはいかにして次から次へと変化する相場環境で高収益を叩き出しているのか。ここでは「短期の銘柄選び」に焦点を合わせて解説したい。

・短期トレーダーの銘柄選び

まず短期トレーダーが銘柄を選択する際にきっかけとなるものは次の通りである。

①昨日の夕方以降に材料（ニュース）が出たもの
②最近注目している銘柄（昨日と同じ銘柄）
③先物との感応度で選ぶ

前場と後場を合わせて5時間、毎日のように取引する短期トレーダーの頭には、常に10銘柄ぐらいの候補が浮かんでいる。その候補の大半が「②最近注目している銘柄」であり、最近話題の銘柄や少し取引してみて成績が良かったものである。短期トレーダーは「昨日この銘柄を取引したら簡単に儲かった、今日も取引しよう」という具合に、愛着が尽きるまで同じ銘柄に手を出す癖がある。

次に、「①昨日の夕方以降に材料が出たもの」は取引スタート時の寄付きの時点で大量の買い注文が入り、多くの投資家が注目する銘柄である。

要するに、①で取引して利益が出たものが②になる。言い換えれば、①で取引して自分の思い通りの成績を残せたものが、注目銘柄である②に加わり、煮え湯を飲まされた銘柄は候補から消えてゆく。その10銘柄程度の注目銘柄②は1週間ぐらいの周期で一新される。

ここでは短期トレーダーの感覚による銘柄選びに触れるが、銘柄を切り替えるタイミングに通じるものである。それが「③先物との感応度で選ぶ」である。感応度が鈍った銘柄が候補②から外れるのである。

感応度とは、日経225先物ラージが10円上がったら東証銘柄はどれくらい反応して上昇するのか、という感覚のことである。

日経225先物ラージ（以後、先物ラージとする）とは、先物ミニ10枚を1枚にまとめたもので、１枚張るのに先物ミニの10倍の資金が必要となる（ここでは先物ラージを参照するだけで取引は行わない）。

・プロ投資家は感覚でベータ値を感じ取る

感応度とは先物ラージの動きに東証銘柄がどの程度変動するかを示す指標であり、本来それ自体はベータ値と呼ばれている。ベータ値（感応度）２％の銘柄は、先物ラージ１％に対し２％変動する株式となる。

ベータ値が高く、値動きのある銘柄は短期トレーダー向けであり、証券会社が提供するベータ値ランキングを知っている方もいるだろう。このランキング一覧でベータ値の高い銘柄を探すことができる。しかしここでは、この本来のベータ値を参照しない。なぜなら、上下の振れ幅を意味するベータ値の下降の部分が余計だからである。プロ投資家の選ぶ銘柄とは、上昇の反応が強く、下降の反応が鈍い株式である。

注目するAとBという銘柄があった場合、プロ投資家はリアルタイムにどのような判断を下しているのか見てみよう。

感応度の対比パターン①

1・先物ラージが10円上昇した

↓

2・注目銘柄Aが10円上昇、注目銘柄Bは動かない

↓

3・注目銘柄Aを選択する

感応度の対比パターン②

1・先物ラージがもみ合いで動いてない

↓

2・注目銘柄Aは動かない、注目銘柄Bは上向きのトレンド

↓

3・注目銘柄Bを選択する

感応度の対比パターン③

1・先物ラージが10円下降した

↓

2・注目銘柄Aが10円下降、注目銘柄Bは動かない

↓

3・注目銘柄Bを選択する

とりわけ大切なのがパターン③の下がらない銘柄を見つけることである。この手の銘柄は数日間にわたって強い値動きをする可能性が高く、下がらないものは上がるしかないことからパターン①②を網羅していることになる。

2・先回りで仕込む！　〜事件は告知されている〜

口座開設した証券会社のツールには決まって「ニュース一覧」がある。大概が国内外の市況と銘柄情報にカテゴライズされ、投資家に情報を提供している。同様の内容はロイターやＹａｈｏｏ！ファイナンス等の情報ポータルサイトでも閲覧できる。

普段、流し読みをせざるを得ないその膨大な情報群の中には、直接市場を動かしかねない重要なものが含まれている。ここ数年ではギリシャの国民投票や英国のＥＵ離脱問題が世間を賑わせた。

そして四半期に一度配信される「ＭＳＣＩ指数のリバランス」はプロ投資家が待ち望む情報の１つであり、その中でも株式ディーラーにとっては歩合ボーナス全額をＢＥＴするほど熱いイベントなのである。

・ファンドの巨大商いに追従せよ

プロ投資家が興奮と絶頂を迎える「ＭＳＣＩ指数のリバランス」は2月、5月、8月、11

月の月末（最終営業日）に実施される。特にこのイベントは、5月と11月が「激アッ」である。後に詳しく説明するが、その該当する月のニュース一覧には目を光らせておくといいだろう。そこには、リバランス（MSCI構成銘柄の組み直しのこと）の際に生じる「新規採用銘柄」や「除外銘柄」等のアナウンスが配信される。このニュース記事を元にファンドの巨大商いに追従するのだ。

新規採用された銘柄には巨額の買い注文が入り、除外された銘柄には売り注文が殺到する。この情報を元に単純に考えるなら新規採用された銘柄を買って月末（最終営業日）に売却すれば儲かるだろう……が、「高野さん、私やっちゃいました――」トレードが本職である株式ディーラーでも痛手を被る者が後を絶たなかった。しかしそれ以上にこのイベントで大きな利益を上げるディーラーが大勢いたことも事実である。順を追って見てみよう。

・MSCI指数とは？

モルガン・スタンレー・キャピタル・インターナショナル社の頭文字がMSCIであり、そのMSCI社が扱う指数は世界規模で構成されている。例えば、MSCIワールド指数は、先進23カ国の代表銘柄（大型株&中型株）で構成されている。

つまり株式の世界選抜の平均株価なのである（日本のトヨタ、武田、NTTなども選ばれている）。さらに、日本市場向けに「MSCIジャパン指数」や「MSCIジャパン高配当利回り指数」「MSCIジャパン低ボラティリティ指数」なども存在する。いずれも日本市場から選抜された代表銘柄で構成されている。

・リバランスについて

リバランスとは、これらMSCI指数の構成銘柄の「組み直し」のことである。実施される組み直しは「新規採用」「除外」「株数変更」の作業となる。

MSCIは単なる指数ではあるが、沢山のファンド（投資信託）がベンチマークとして採用している。よって新規採用でMSCIに銘柄が追加された場合では、MSCIのファンドもそれに合わせてポートフォリオ構成に新しい銘柄を追加しなければならない。対して指数から除外になった銘柄には売り需要が発生する。

MSCI指数のリバランスは「5月」「11月」の「最終営業日」「午後3時の引け（引け成注文）」で実施される。加えて「2月」「8月」にも同様に実施する指数（MSCIジャパン低ボラティ

2月、5月、8月、11月に MSCI指数のリバランスが実施される

増加の1位2位は買い目線で注目！

	ＭＳＣＩ売買インパクトランキング（２０１６年８月）		Pro forma Base株式数	増減率
増加	7779	ＣＹＢＥＲＤＹＮＥ	129,119	2.82%
	6770	アルプス電気	198,208	1.55%
	8411	みずほフィナンシャルグループ	25,035,298	0.58%
	2670	ＡＢＣマート	82,532	0.51%
	3283	日本プロロジスリート投資法人	1,842	0.29%
	3659	ネクソン	435,297	0.26%
	4716	日本オラクル	127,491	0.06%
	3391	ツルハＨＤ	48,687	0.05%
	4755	楽天	1,431,237	0.05%
	4666	パーク２４	145,926	0.03%
減少	6592	マブチモーター	69,928	-1.41%
	1878	大東建託	78,094	-1.55%
	6963	ローム	111,200	-1.94%
	7912	大日本印刷	663,481	-2.50%
	9433	ＫＤＤＩ	2,620,494	-2.62%
	9437	ＮＴＴドコモ	3,958,543	-3.11%
	9064	ヤマトＨＤ	411,340	-3.25%
	4202	ダイセル	349,943	-4.11%
	3861	王子ＨＤ	1,014,382	-4.70%
	7269	スズキ	491,000	-12.49%

増加分の買い注文が入る（予定）

リバランス後の株式数

減少分の売り注文が出る（予定）

減少の1位2位は空売り目線で注目！

ＭＳＣＩ定期銘柄入れ替え、売買インパクト１位はＣＹＢＥＲＤＹＮＥ

２０１６年８月１２日　ロイターニュース

ＭＳＣＩ売買インパクト増１０銘柄、売買インパクト減１０銘柄

日本時間８月１２日早朝にＭＳＣＩ指数組み入れ銘柄の定期見直しが発表された、今回は個別銘柄の新規採用、除外は無し、Ｊａｐａｎ指数の時価総額が０．１５%減少、ＭＳＣＩ　ＪＡＰＡＮに関しては約５３億円の資金流出が予想されている。

ＪＡＰＡＮ指数における売買インパクト増加ではサイバーダイン(7779)、アルプス電気(6770)、みずほＦＧ(8411)など１０銘柄の詳細を、売買インパクト減少ではマブチモーター(6592)、大東建託(1878)、ローム(6963)など１０銘柄の詳細をリストアップされている。

➡ 売買インパクトランキングでは「増加」「減少」の１位・２位に注目する

リティ指数など）も存在するので3ヶ月ごとにあると覚えておこう。

・どういう戦略なのか？

ＭＳＣＩ指数のリバランスが実施される2月、5月、8月、11月の当月、第2木曜日頃に前ページの表のようなニュース記事が配信される（正式には当月最終営業日の10日前までに配信）。ロイターやＹａｈｏｏ！ファイナンス等をチェックしてみよう。

この表の記事には「ＭＳＣＩ売買インパクトランキング」が明記されている。今回は新規採用がなく、株数変更の増減率（インパクト）順のリストとなっている。

この増減率ランキングの1位と2位を「買い」で、もしくは増減率がマイナスである下位を「空売り」で攻める。基本は買いで説明するが、今後どちらもひっくり返すだけで同じ理屈である。

しかし記事によってはランキング表のアップがなく、表の下段のような文言で銘柄名が発表されることも多い。その場合でも心配ご無用、実は記載された銘柄の順番がインパクト順なのである。サイバーダイン、アルプス、みずほ……と続く、上位2つに注目しよう。

・いつ、どのように買うのか？

ニュース記事の配信は当月の第二木曜日頃、そのリバランスの実施が当月の最終営業日、よってリバランス実施の２週間前という早い段階で投資家へアナウンスされている。ＭＳＣＩリバランスの対象となった銘柄（ランキング１位と２位）は、ニュース記事が発表された翌日から注目されて商いは活況になるだろう。

しかし、前述した通り、実際にファンドからランキング表の銘柄に対して売買注文が入るのは当月の最終営業日の引けである。

この最終営業日までの２週間に多くの投資家が仕込む。表を例にすると、サイバーダインの増減率２・８２％を超える水準まで短期トレーダーが買い進むことも想定できる。その全員がリバランスに合わせて最終営業日の引けで投げ売ってきたら——需給が反転してしまう。買われ過ぎで上昇が下落になってしまう。ここを突かれて値動きも荒れたものになる。早い段階で手を出した投資家は、最終営業日の引けで売却しても儲かる確信が持てなくなってしまう。

一方、プロ投資家は最終営業日の引け直前まで手を出さない。彼らは株式市場が閉まる１分前（14時59分）の「急落に合わせ複数回に分けて買い」→「不成りで全決済」するのである（次ページの図参照）。不成りとは引け（15時00分）ジャストに自動で決済してくれる注文方法である。

なぜ、急落に合わせて分割で買うのだろうか。それは引けの間際の時間帯に短期トレーダーの投げが発生するからである。投げが生じる理由は、「フル板情報」で見られる不成り注文の買い枚数と、売り枚数の差に惑わされて投げてしまうからである。

痛手を被らないために次の2つのことに気をつけよう。

①リバランスのニュースを受信した直後（実施の2週間前）に買わないこと
②実施日である最終営業日の仕掛けに乗らないこと

ファンドの巨額の買い注文が入ることが明確でも、それが知れ渡った情報である以上、決してフライングで買わないようにしよう。

株価は5分あれば制限値幅まで動くことができる。実施日の特に後場では、リバランスを意識した仕掛け（短期の急騰）が表れることが多いが、やはり急落を伴うだろう。このイベントを利益に変えるには、逆張りで構えて、大引け1分前からの急落（これも騙しの急落と

プロトレーダーは引け間際で勝負する

サイバーダイン(7779)フル板

①※ 売引数	②※ 件数	売気配	③※ 価格	買気配	件数	買引数
1253			~			2125
	2	8	1502			
	4	12	1501			
		152	1500			
			1499	10	5	
			1498	8	3	
			1497	6	2	
			~			

先回りした短期トレーダーの不成注文数が見られる

リバランスによるファンドの不成注文数が見られる

この板を見てどう判断するか？

2125(買引数) − 1253(売引数) = 872枚 の成行買いが入っている

14:59分が勝負どころ！

買引数・売引数はリアルタイムに更新され
引け直前に拮抗すると短期トレーダーの処分売りが発生する
その後、上昇で引ける確率が高い

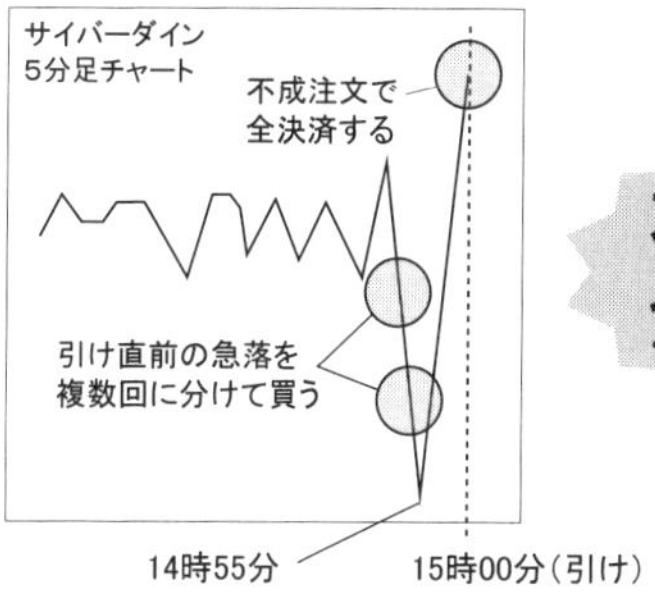

不成で全決済

※①「引数」＝寄成・引成の枚数

※②「件数」＝注文の件数

※③「価格」＝上下制限幅までスクロールして板情報を閲覧できる

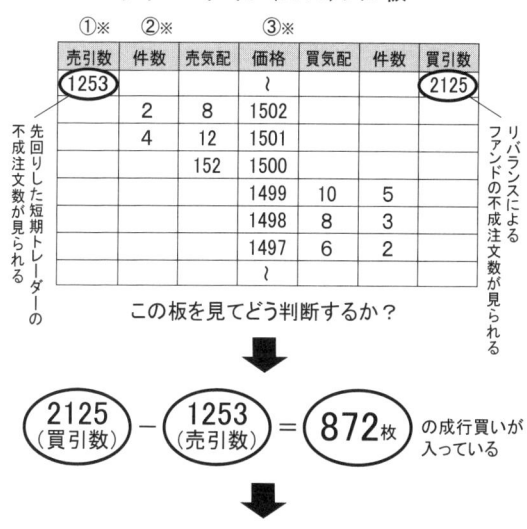

考える）を拾うやり方が有効である。

・市場から読み解く「英国EU離脱」トレード

２０１６年６月23日、英国（イギリス）ＥＵ離脱の是非を問う国民投票が実施された。経済の話では「ＥＵ残留」でこれまで通りの安泰、「ＥＵ離脱」で未曽有の事態に陥ると伝えられた。その行方について、世論調査で答えは拮抗し、言うならば残留から離脱へやや優勢に傾いていた。

ここでは、前項よりも大きなニュース、すなわち市場全体を揺るがす政治・国際問題に対して、プロのトレーダーがどのように動くのかについて、実例をもとに取り上げる。

現在を国民投票の前日、２０１６年６月22日として話を進めよう。

直前の世論調査では「離脱」がやや優勢な状況。しかし決め手に欠ける。これでは投資家、投機家、あるいは相場師として一世一代の大勝負に出ることができない。次に、彼らが目を向けた先はブックメーカー（賭け屋）である。英国人は賭け事が日常のようで、ロンドンの通りにはブックメーカーの店舗がひしめき合っている。

賭けの対象はスポーツ全般から米国大統領選など何でもである。今回の国民投票も対象であり、群衆の良識が反映されるブックメーカーと相性よく思えてしまう。そして不思議な現象が起こった。

ブックメーカーのオッズが偏っているのである。投資家は判断の後押しが欲しかったに違いないが、国民投票の直前で大手ブックメーカーは残留確率70％を示していた。実際に投票を行う国民の賭け（意思）が、残留に偏っている。これは直前の世論調査と異なる。

その時点での情報をまとめよう。

・「残留」で安泰、「離脱」で未曽有の事態に陥る
・直前の世論調査は「離脱」やや優勢の状況
・直前のブックメーカーは「残留」に大きく偏っている

この情報を手元に日本市場でどう戦うべきだろうか。

プロ・アマ問わず「英国ＥＵ離脱」トレードに参加した大半の投資家が賭けに負けている。投資家はブックメーカーが国民の意思を反映していると信じてやまなかった。しかし結果は承知の通り「離脱」である。

英国のEU離脱で日経平均株価はどう動いたか？

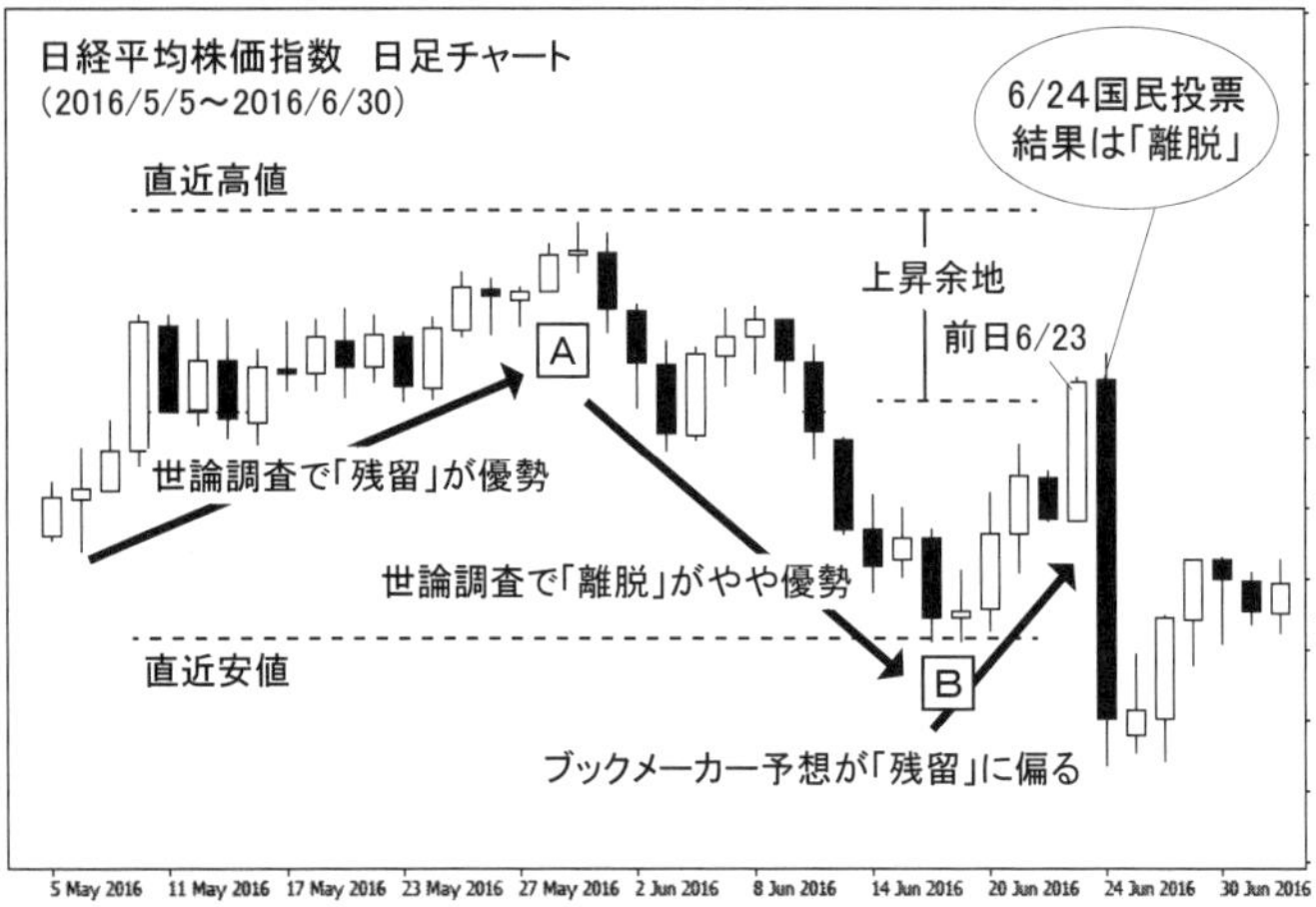

➡ 市場予想に反した結果になったことで大きく下落した

6月24日、世界の金融市場に激震が走った。その衝撃は急落といった値動き云々より、ブックメーカー予想の大外れによるショックの方が強いかもしれない。

・なぜ、ダマされたのか？

実際の株式市場の値動きを見てみよう。

当初のニュース一覧には「EUに留まるのが正しい」といった記事が多く、投資家の不安心理は解消に向かっていた。

しかし、世論調査が「離脱」がやや優勢と報じたことで、市場のシナリオが図のＡ点で「売り」に変化している。このまま国民投票日（6月24日）を迎えれば投資家の痛手はなかっただろう。

世論調査に反し、ブックメーカーが直前まで「残留」に傾き続けたのは、大半のブックメーカーがロンドンを拠点とし、ロンドンに籍を置く投資会社や個人の３分の２が残留派だったから、つまり賭けていたのが、ロンドン住まいの残留派だけだったからである。ブックメーカーには残留派の願いしか反映されていなかった。

この教訓を糧に、ニュース一覧に頻繁にアップされるブックメーカーの記事に惑わされることがないようにしよう。そのために、どんな状況であっても市場の値動きから次の展開を予測することが大切である。

・どのようにトレードすべきか？

イベントではその大小に関わらず事が起こる直前に仕掛ける。そして日経平均株価指数を原資産とする先物ミニを選択する（50ページ「どっちを選ぶ②」参照）。すなわち、個々の株式ではなく日経２２５先物の買い（ロング）売り（ショート）で勝負する。

今回の事が起こる直前とは、投票日前日（22日）の後場にあたる。そんなギリギリまでトレードを控える理由は、前項のＭＳＣＩリバランスと同様、結果が出る何日も前の思惑（ダマし）や突発的なニュースで無駄な戦力を使わないためで、そして直前までのチャートを最大限に活用できる点も挙げられる。

図のＡ点で「売り」に変化した市場シナリオは、次にＢ点で「買い」に変わり日経平均株価を約１０００円上昇させている。

この時点でチャートを活用し、市場シナリオのままで結果を迎えた場合の「上値余地」と、外れた場合の「下値余地」を想定する。図の直近高値と安値に引かれた点線が１つの目安になるが、上値（下値）余地とは、この点線にどれだけ接近するのか、または越えるのかといった値幅のことである。

国民投票前の数日間で日経平均株価を上昇させたのは、ブックメーカー予想の「残留」である。理由の如何に関わらず、残留予測で約１０００円の上昇をすでに確定させている日経平均株価に、果たして上値余地は残されているのだろうか。

前述した現時点の情報を再確認してみよう。

・「残留」で安泰、「離脱」で未曽有の事態に陥る国民投票で残留派が勝利しても今まで通りの安泰、サプライズではない。対して離脱派が勝利したら市場にショックを与えて下値余地が大きくなるだろう。残留で少額の負け、離脱で大勝できる。よって今回の市場から読み解く答えは、「先物ミニの売り（ショート）で仕掛けるのが正しい選択」である。

しかし市場シナリオが残留↓離脱を繰り返し、はっきりとした「偏り」が市場の値動きに表れない今回のパターンは「見送る」ことも投資判断の１つである。

はっきりとした偏りがある場合、例えば今回のケースでも離脱の一辺倒で投票日前日を迎えたとしたら、熟練の投資家は残留にＢＥＴするだろう。

それは、その投資家が単なるヘソ曲がりなのではなく「出尽くし」「織り込み済み」といった言葉があるように、予想通りの離脱の結果だとしたら、さらに予想した方向に株価が動く可能性が低いからである。

イベントの１つである決算発表にしても、好決算の発表と同時に株価が急落するパターンを目撃した方は多いだろう。それと同じことを考えるのである。

第3章

勝率を高める
プロの買い方・売り方

1・トレーダーの勝ちパターン

株式ディーラーの実態を綴った前著『株式ディーラーのぶっちゃけ話』（彩図社）のなかで、私は不思議な（?・）いくつかの「手法」を提言した。その1つが順張りトレードを基本とする「高く買って高く売る」ことである。

株式投資は1円でも上昇しない限り損切りを余儀なくされてしまう。全トレーダーが安く買うことに躍起になるなか、なぜ高く買う必要があるのだろうか。

一般のトレーダーは逆張り手法をメインにしていることもあるが、この高く買う行為に対して苦手意識が強い。上昇トレンドに沿ったトレードには賛同するが、高値に飛びついても儲からないといった印象を持っているだろう。

しかし株式ディーラーに10の手法があるとすれば、その割合は順張り7、逆張り3になっている。逆張りの割合が少ない理由は単なる買い時（チャンス）の差であるが、何よりも株式ディーラーにとってチャンスの少ない逆張りが、一般トレーダーのメイン手法となっている点が興味深く映るだろう。プロが実践しているトレード技術は第5章に譲ることにするが、ここで紹介する勝ちパターンの基本は非常に分かりやすいものである。

また、この章ではトレーダーが大失敗しないために心得る一貫した「トレード（利食い・損切り）」の基本についても私なりの解説を加えたい。

では、株式ディーラーの順張りと逆張り手法を一般トレーダーの悪い例と比べながら見ていこう。

・株式ディーラーは「高く買って高く売る」

順張りはシンプルな手法なので次ページの図を見ていただければいいだろう。

トレード中、直近高値のことしか頭にない株式ディーラーは多く、必ずと言っていいほど図の①（高値ブレイク）で買いが入るだろう。機械仕掛けのように、それを何度も一貫してこなすのがプロトレーダーなのである。これは為替や日経２２５先物など如何なる金融商品でも同じである。

要するに、①以外で手を出せばすぐさま悪い例となってしまう。

一般トレーダーが順張りトレードで思い通りの結果が残せない理由の１つは、トレードに一貫性がないことから、悪い例にある②③④で買ってしまうことである。

正しい順張りトレード（高値ブレイク）

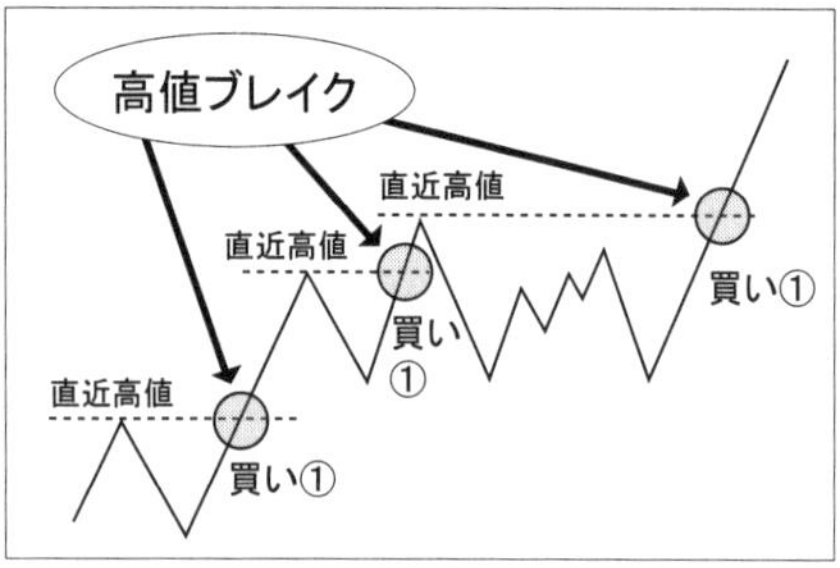

①直近高値と同価格
もしくは少し超えた価格を
買っている

悪い順張りトレードの例

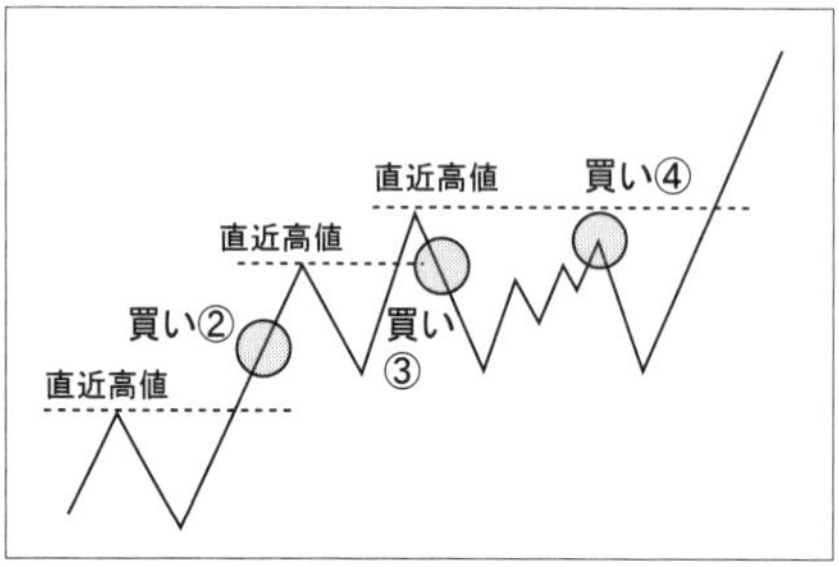

②直近高値で躊躇して
飛びつき買いになっている

③直近高値で躊躇して
下がったところを買っている

④直近高値に到達する前に
買っている

直近高値に到達していない④を除くと、時間軸では株式ディーラーの少し後に買っていることになる。

②では株式ディーラーの利食い売りに合うかもしれない、③では損切りの投げ売りがあるかもしれない。

このような機関投資家の売りが高値近辺で発生すると一定の値幅で株価が下落するだろう。高値に飛びついても儲からない印象を多くのトレーダーが持っていることも頷けてしまう。正しい順張りトレードは非常にシンプルな手法だが、厳格なルール（一点買い）が必要なのである。

ポイント①

・株式ディーラーは大玉で高値を買ってくる
・直近高値を買い逃したら、次のチャンスまで手を出さない

・どんな銘柄を選んで順張りトレードを仕掛けるのか？

直近高値と同価格か、もしくは少し超えた価格で買うことが順張りトレードのやり方であるが、そのルールに銘柄選びの条件である「月足チャートで上昇トレンドの銘柄を選ぶ」を加えよう。

順張りトレード成功のカギは、他の投資家の利食い売りに押されず上昇曲線を描く株式を選択することである。

よって81ページの図の鹿島（1812）のような長期的に上昇するトレンドを持つ株式を銘柄の「月足チャート」で探すことから始める。証券会社の取引ツールやネット上の株価サ

イトで数銘柄を検索するだけで、簡単に上昇トレンドの株式を見つけることができるだろう。上昇トレンドは必ず高値を超えて形成される。よってよほどの高値の飛びつき買いにならない限り、成功する確率が高まるのだ。

反対に失敗となる可能性が高いのは、月足チャートが下降トレンドの最中に日足・60分足・30分足・5分足など普段使っているチャートで順張りトレードを行うことである。図の悪い例のチャートのような、30分足チャートではまったく同じ形をしているため気付かずに高値ブレイクを仕掛けてしまうトレーダーが多い。

しかし月足チャートが下降トレンドなので、どこかで大きな下落が訪れて痛手を被ってしまう。

ポイント②

・月足チャートで長期トレンドをチェックする

・1分、5分足を利用するデイトレーダーも長期トレンドをチェックする

・月足チャートで上昇トレンドが発生している時のみ順張りトレードを実施する

高値ブレイクは上昇トレンドの時に仕掛ける

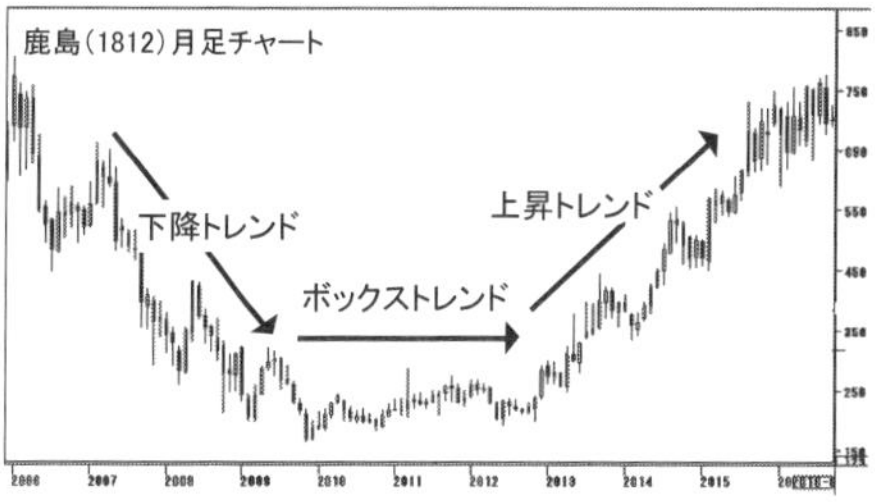

デイトレードや
長期投資に関わらず
月足チャートで
トレンドを探ること

30分足では、どちらも同じチャート(局面)に見えても
トレンドによって仕掛けて良い時と悪い時がある

○良い例

月足が「上昇トレンド」の高値ブレイク

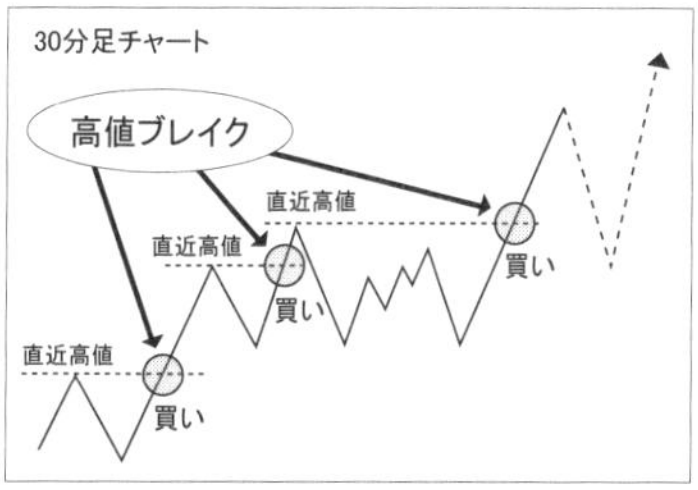

月足が上昇トレンドなので
上昇を続ける可能性が高い

✕ 悪い例

月足が「下降トレンド」の高値ブレイク

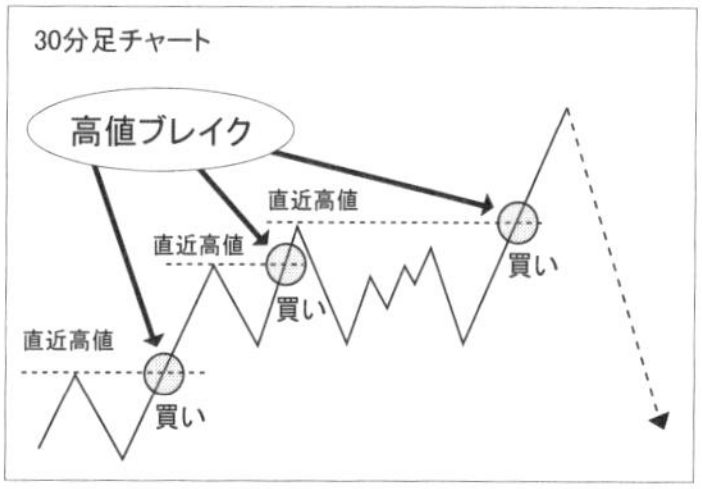

月足が下降トレンドなのでどこかで
安値を更新する大きな下落が訪れる

典型的な逆張り手法

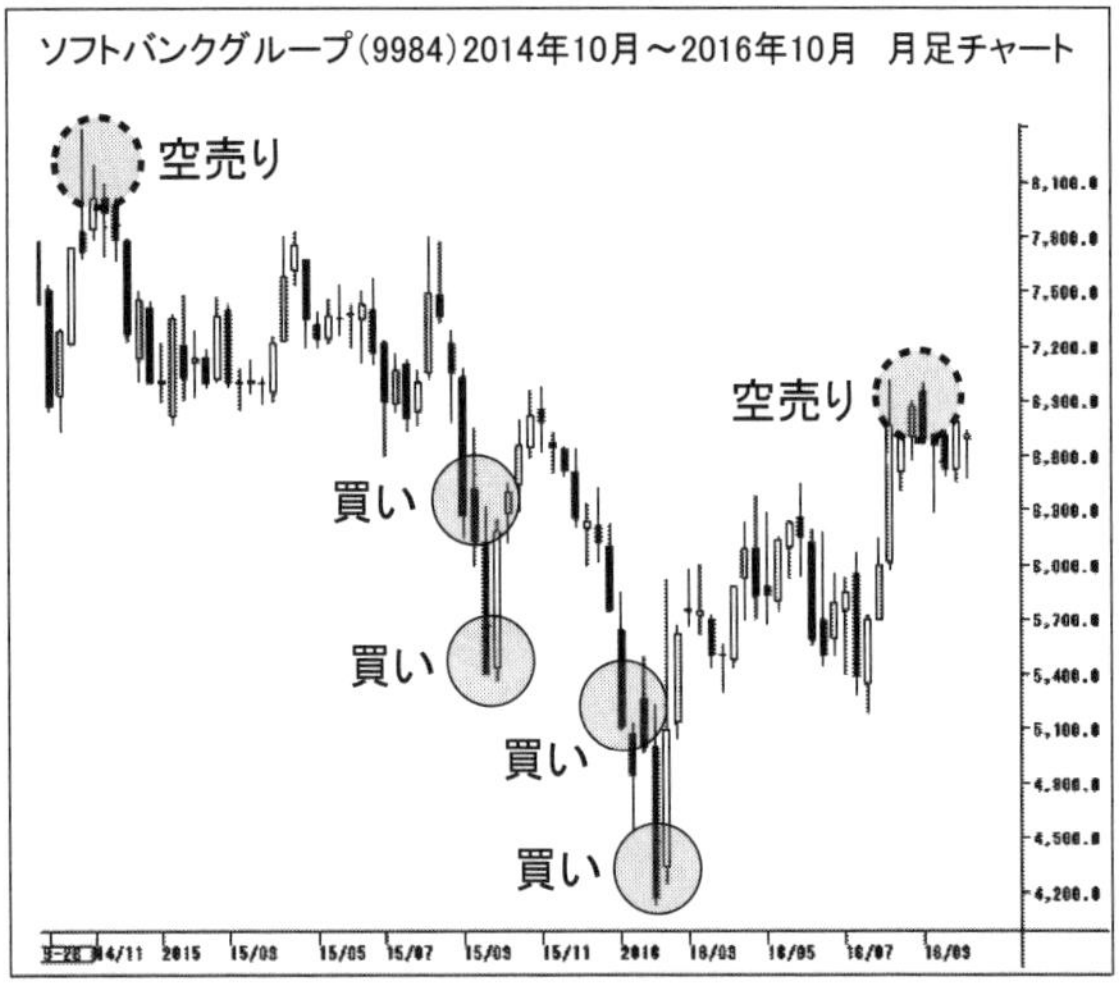

・逆張り手法のプロ技

超短期間のトレンド、すなわち急騰・急落のリバウンドを狙うのが逆張りであり、その様子は、チャート上で大陽線を形成する多勢の買いに「空売り」で挑み、ショック的大陰線（売り）に「買い」で立ち向かうマゾヒズム手法である。

しかし、このような本当の意味での逆張り手法にチャンスは少ないだろう。サラリーマン投資家にとっては次のリーマン・ショックが訪れるまで待つことになってしまう。

そこで我々トレーダーが日常的にチャンスを見出せる手法が「サイクル・イン」である。これは私が開発したものでトレンド中の押し目を定義し、そのポイントで買う手法であり、多くトレーダーが感覚的に認識しているものに厳格なルールを設定したものである。

・サイクル・インとは？

サイクル・インの概要は次の通りである。

・サイクル・インは月足チャートで上昇トレンドの銘柄に有効である
・サイクル・インは上図の「C」ポイントに買いを入れる
・Cは、直近安値Aから上昇した株価がまた元の水準まで戻ったポイントである
・Cは、直近安値と同価格もしくは少し上下した価格である
・このABCを結んだ1つのヤマを1サイクルとする

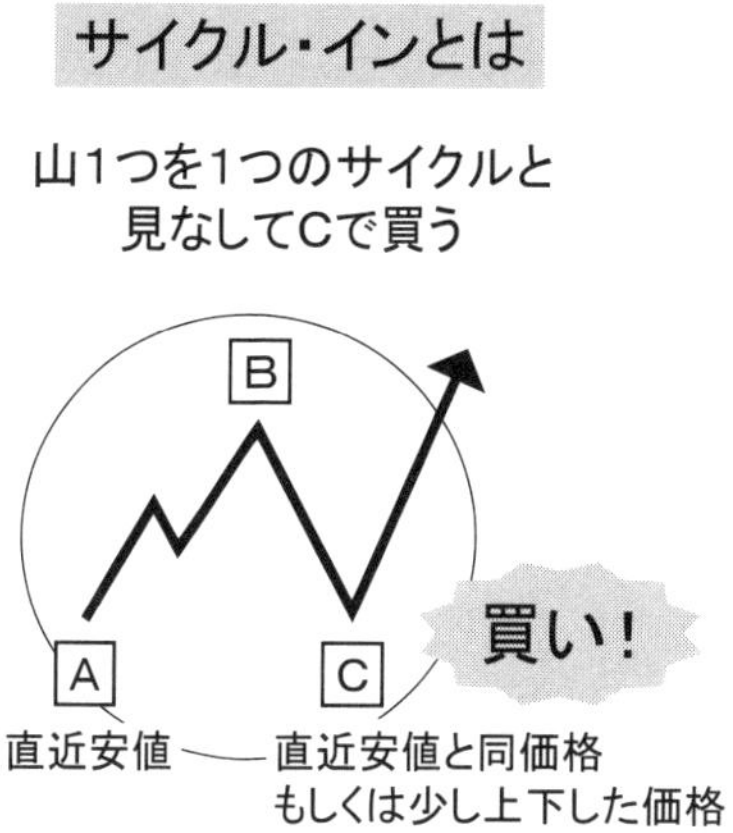

上昇トレンドは高値ブレイクとサイクルを繰り返している

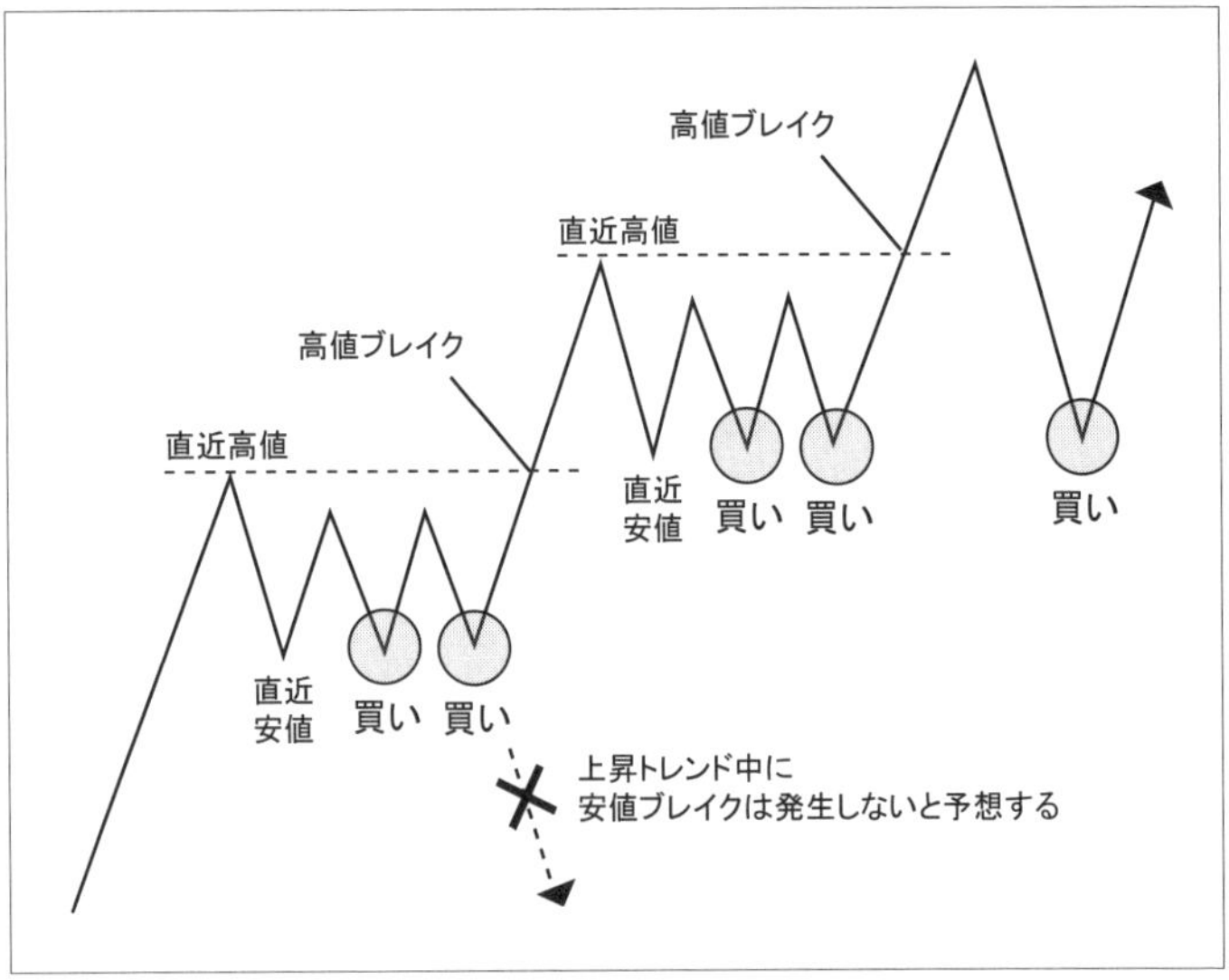

➜ サイクル・インでは上昇トレンドの中の押し目で買っていく

上昇トレンドにあるチャートを観察してみると、「高値ブレイク」と「サイクル」を繰り返していることが理解できるだろう。

前者の高値ブレイクについては前項で解説したが、サイクル・インは高値でなく安値（押し目）でインする手法であり、トレンド中に発生した急落を拾う逆張り的要素を強く持っている。

よって典型的な逆張りと異なり、正確には「順張りの押し目買い」なのである。

これまで押し目についての定義とは、上がり続けた株式が少し下落したところ、といった曖昧なものであった。定義が曖昧だとトレードも曖昧になってしまう。

サイクル・インの特徴は、上昇トレンドに逆らう押し目を「直近安値」に「定義」することで買うポイントが見つけやすくなること、不要な手数が減らせること（一回の不要な取引が手を狂わせてしまうことがある）、そして何よりも精神的に買いやすいことではないだろうか。

この手法で利益が残せる根拠は、上昇トレンドの最中に直近安値のブレイクは無いと予測するもので、さらに、この仮定に基づき直近安値を拾うことは、安値から高値以上の値幅（最大利益）を享受できることに繋がるからである。高値ブレイクとサイクル・インを理解することで株式トレードにおける狙いどころがはっきりと見えてくるだろう。

ポイント

・株価は高値ブレイクとサイクルを繰り返して上昇している
・上昇トレンド中に安値ブレイクは発生しないと予測している
・安値を買うので精神的に楽なトレード（失敗しても損失が少ない？）

・サイクル・インの手順とルール

では、実例を使ってサイクル・インの取引をやってみよう。

①月足チャートで上昇トレンドの銘柄を探す

証券会社の取引ツールやネット上の株価サイトで数銘柄を検索するだけで、簡単に上昇トレンドの株式を見つけることができるだろう。ここでは、上場以来ずっと上昇トレンドにあるサイバーエージェント（4751）を選択した。

②普段使っている期間チャートを開いてサイクルを調べる

大きな流れのチェックに月足チャートを使用し、次に株式を買う段階では値動きの詳細を見ることができる期間の短いチャートを選択する。トレーダーの投資スタイルによって様々だが、デイトレーダーは5分足、サラリーマン投資家なら日足・週足など。例としてここでは週足を使ってサイクルを調べている。

③買い注文を入れる

図②の直近安値であるA、Bの価格を覚えておこう。この価格に近づいたら買う準備を行うが、相場を毎日チェックできない場合は買い指値を入れておこう。

①月足チャートで上昇トレンドの銘柄を探す

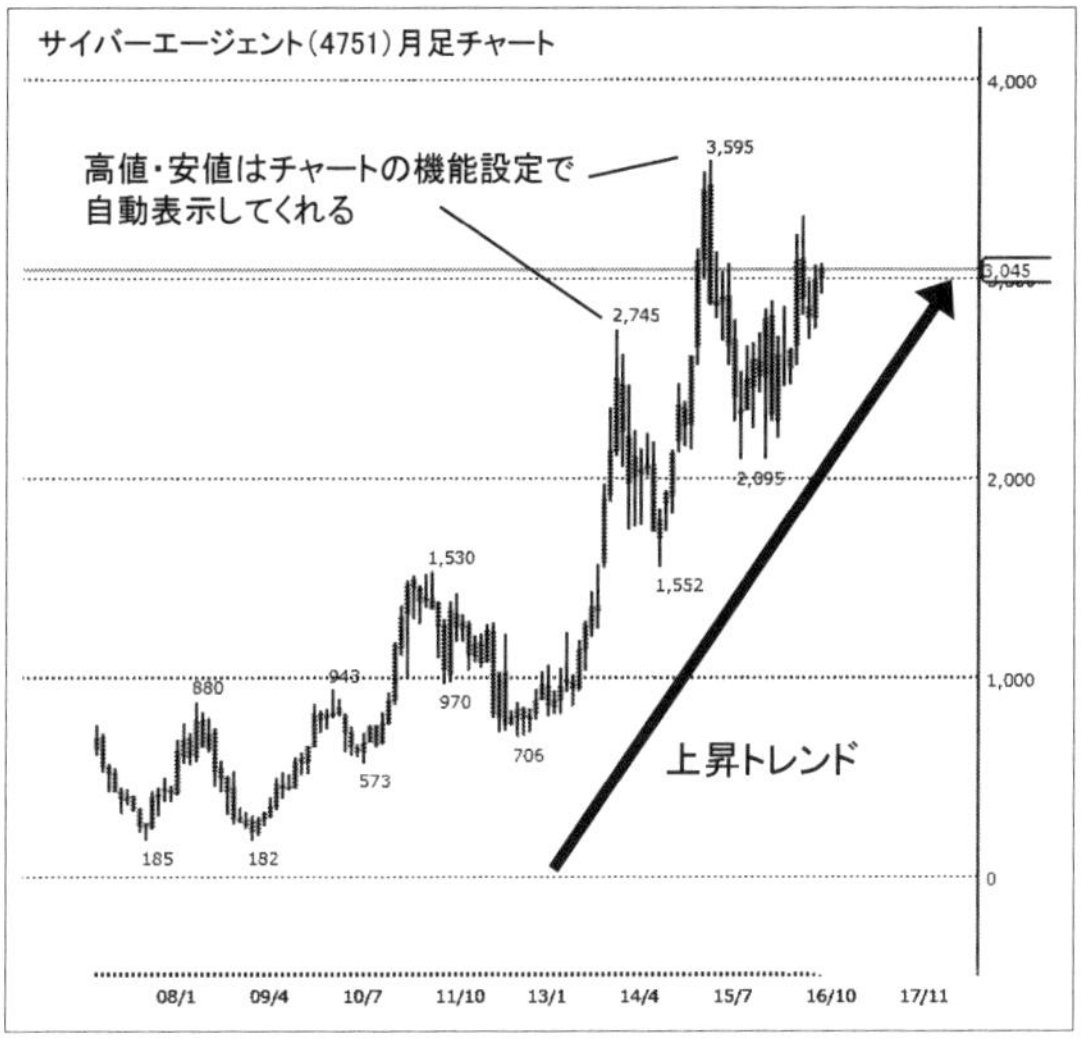

②普段使っている期間チャートを開いてサイクルを調べる

○はサイクル・インの買いポイント

③買い注文を入れる

A B の直近安値を把握しておき、そこまで落ちてきたら買うしかし、今回は直近安値がA、Bと2つある。Bだけに注目すれば良いのだが、Aの安値まで急落してサイクルを形成する可能性もある。よって資金を分散してA、B双方に買い指値を入れておくのもよいだろう。

・上手くいったらどこまで利を伸ばせばいいのか？

私がこれまで見てきたプロ投資家のなかで、企業業績の悪化を理由として株式を手放した者はほとんどいなかった。ファンダメンタルズで長期投資を行う投資家であってもその大半が業績云々となる前に持ち株を決済している。

つまり、彼らの株式を売却するタイミングは、業績の悪化や経済ショックの時ではなく、好業績でチャートが上昇している最中なのである。となれば、予期せぬ事が起こる前に、利益確定の妥協点を必然的にチャート上で探すことになるだろう。

しかし、プロ・アマ問わず利益の確定をどうすべきかについてはあまり議論されてこなかった。よく話題に上る損切りとは違って、大多数が「お好きなところで――、儲かって良かったね」の一言二言であった。勝敗における勝ちについての内容がどういうわけか軽視されてしまう傾向がある。利益50なら赤字にならない50までの損切りを許容できるかもしれない。では、利益を１００に伸ばせたらどうだろうか――

利益確定のポイントは買った株式を「どこまで引っ張るのか」である。ここでは利潤を最大にするために、行動経済学で有名なエリオット波動（チャートパターン）を使ったやり方を解説したい。

・エリオット波動の優位性

エリオット波動理論を考案したのはアメリカ人、ラルフ・ネルソン・エリオットである。彼の仕事は会計士であるがテクニカル分析を信奉する投資家でもあった。職業人としての大半を会計士として過ごしているが、56歳の時（１９２７年）に重い病気を患うと、その後の余生を相場の研究へ捧げることになる。

病室にて過去80年間の相場の値動きをつぶさに検証するうちに、マーケットの動きには一定の法則があることを発見した。この法則がエリオット波動である。

奇数番号の波動（1、3、5）は全体のトレンドと向きが同じ（上昇）であり、偶数番号の波動（2、4）は調整（押し目）となっている。そして第5波動を境に強気の上昇相場が終焉し、A、B、C波の3波動でもって弱気相場を形成している。

上昇5波動＋下降3波動からなるエリオット波動

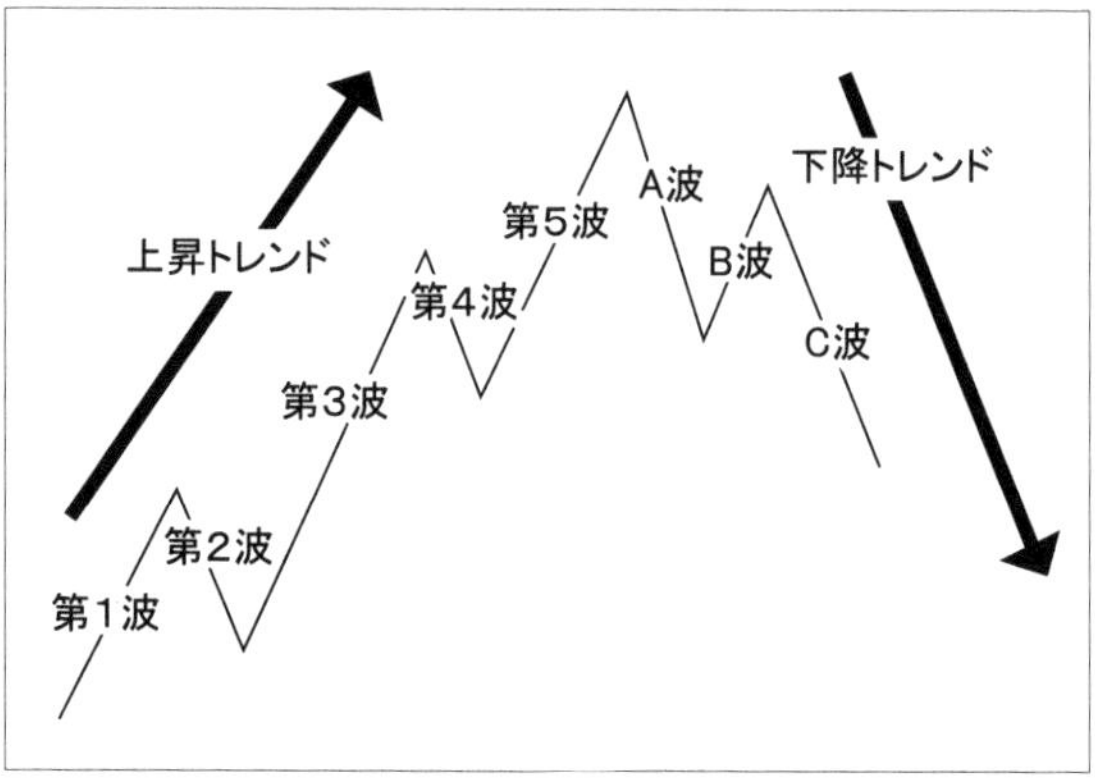

この上昇トレンドの5波と下降トレンドの3波からなる一連の波動パターンこそ、エリオットの発見した一定の法則（エリオット波動）なのである。

要するに、株価は不規則に動いているように見えるがそうではなく、一定のリズム（秩序）があり、そのエリオットの波動理論は先々のマーケットが「どのように」展開していくのか、という行程表（ロードマップ）を我々トレーダーに示唆している。

しかし、実際の相場は幾度となく反復を繰り返し、エリオット波動（5波動＋3波動）の理論通りに動かないことも多々ある。

上昇を確認して株式を買うと決意した時、現在が第3波か第5波なのかを瞬時に見抜くことができない。そして特に、下降の3波動（図のA、B、C波）はその規則性を維持してくれないだろう。それはA波が一本の長い大陰線になったり、B波が大陽線でV字回復したりと「値幅」

の予測ができないからである。エリオット波動を実用的に使うには少し工夫が必要なのである。

・上昇5波動を3波動として捉える

行動経済学や行動心理学の分野でエリオット波動は有名であるが、波動のパターンは人間の感情の起伏と同じリズムとされている。

そこでトレーダー（私）が経験上、重要視するようになったのが第3波である。第1波の高値を突き抜けた第3波の出来高は急激に膨らむだろう。強気な感情相場に入ったことが誰の目にも明らかで明確なエントリーポイントになっている。本章で解説した「高値ブレイク」（第3波にある高値を買う）や「サイクル・イン」（第2波の押し目を買う）は、この第3波に乗るための手法である。

では、第3波と同様に高値を超えた上昇である第5波はどうなのか。

エリオット波動を実践に持ち込むポイントは、上昇5波動を3波動の連続で置き換えること、第1・第2・第3波の繰り返しで捉えることである。この理由は利食い位置にあり、第3波の終わり（第4波の下降開始）で決済するからである。

上昇5波動を3波動の連続で置き替えて考える

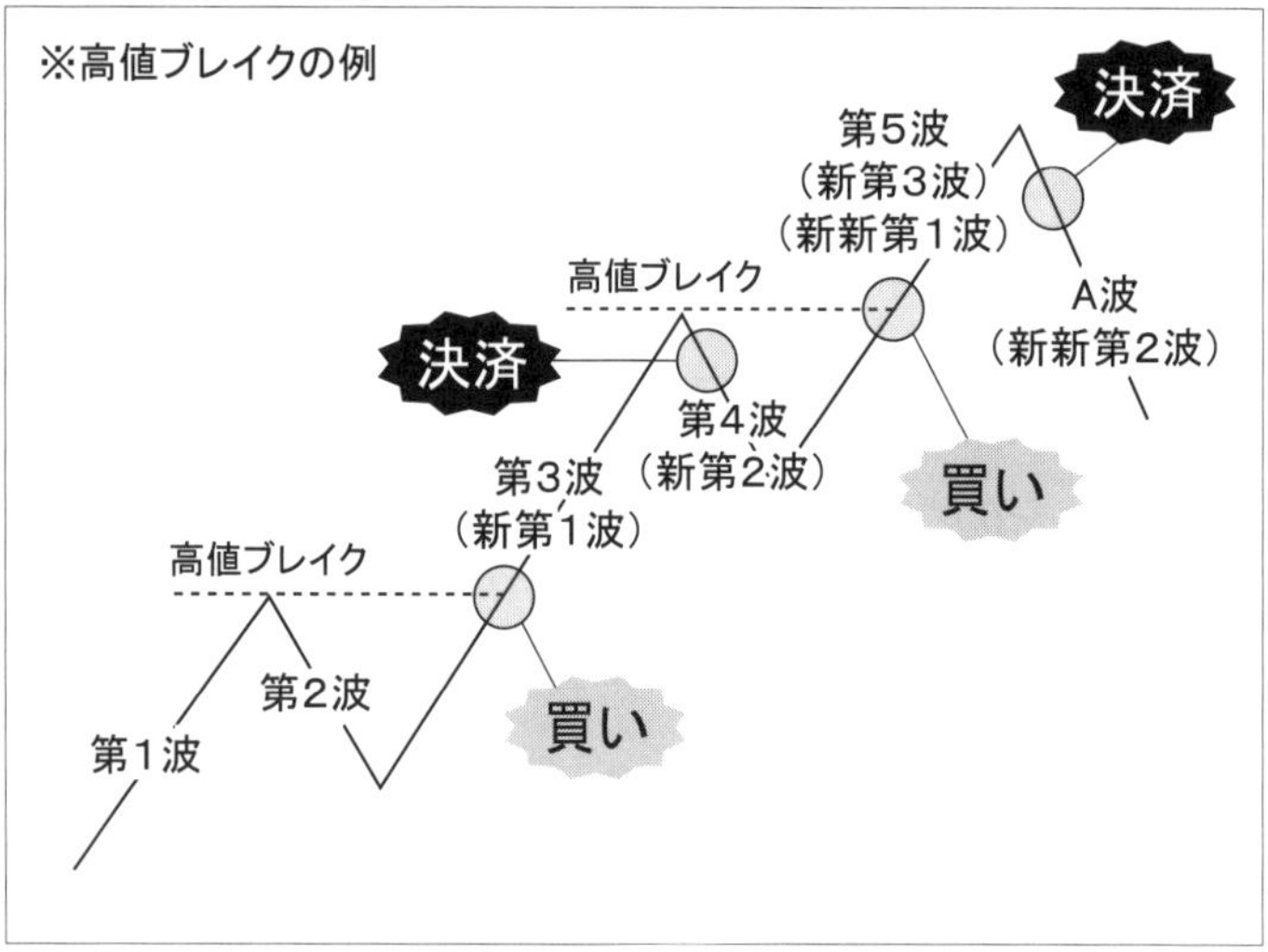

➡ 第3波で買って第3波終了時の下降ポイントで決済する
新たに買う場合は先程まで第3波だったものを新第1波として考えて
新第3波で買い、新第3波終了時の下降ポイントで決済する
（※このとき、第4波、第5波、A波は考えない）

・第3波の終わりで決済する

エリオット波動の上昇5波動を3波動と読み替えても、実際はエリオットの波動パターンをそのまま適用している。ただ常に「いち・にい・さん、いち・にい・さん」と読み「さん」の終わりに決済するルールを設けることで、現在の位置が第3波か第5波なのか、第5波の後の下落を考える必要もなくなり、より実践的になるのである。

しかし第3波の終わり、と

いってもその波は一本上昇ではなくギザギザと上下に揺れ動くだろう。どの辺りが「終わり」なのかを予測することはできないのだろうか。そこで、簡単な計算を使って第3波の終わり、つまり株価の天井（目標値）を数字で予測してみよう。

第3波の目標値を想定しよう

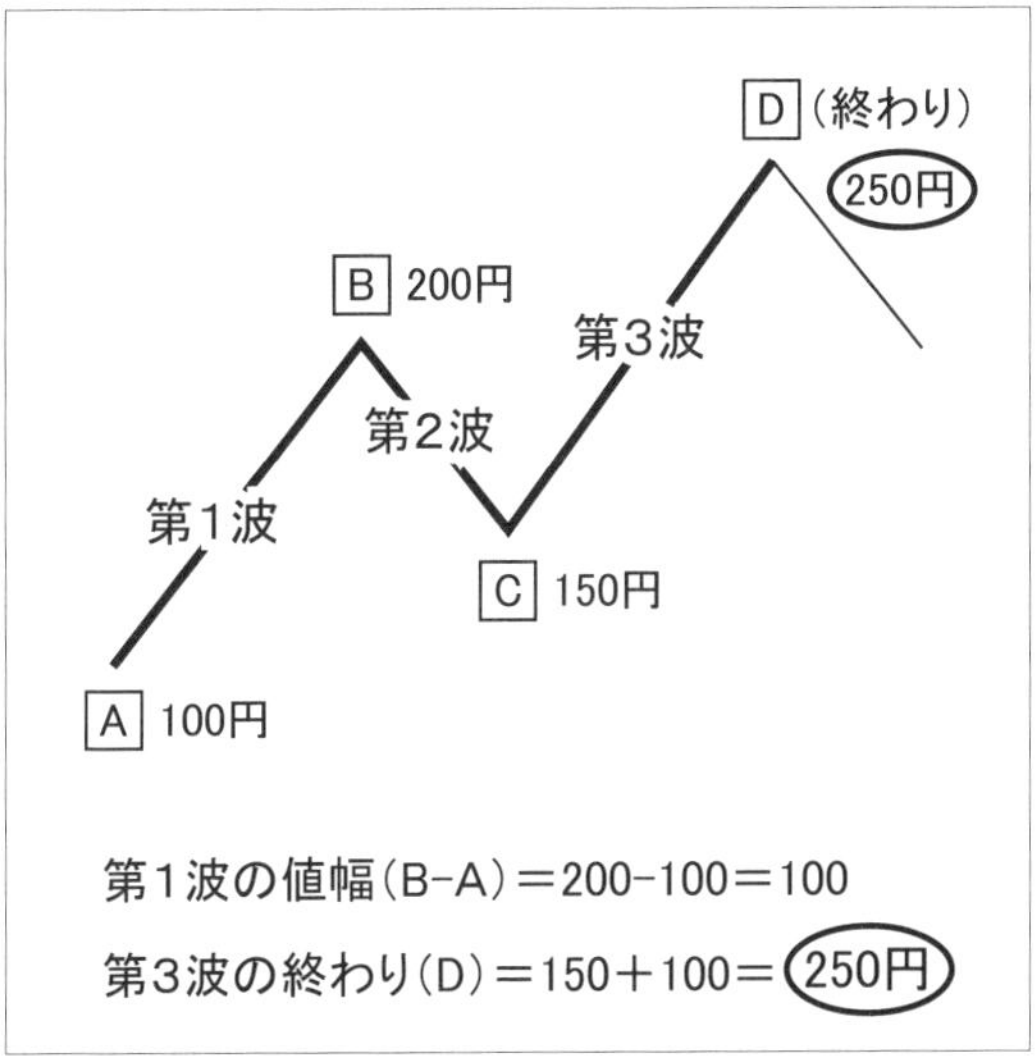

第3波の目標値を第1波の値幅から想定する
目標値である250円以上で利益確定できればベスト

上図の通り、第1波の上昇幅＝第3波の最低上昇幅と考える。その理由は、波動理論における第3波は他のどの波より高くなることが前提だからである。

そうすると、実践ではCの押し目150円を見た後、再度の上昇で発生した第3波が最低どのぐらい上昇するのか、といった計算ができる。

第1波の上昇幅が100円

なので、Ｃの１５０円に１００円を足した２５０円がそれである。同時に、これを利益確定の目安にできる。

2・正しい損切りの仕方

「損切り」――この投資家にとって忌々しきテーマについて解説する。

投資家として成功するには負けを抑えればよいのだが、経験者はそれが一筋縄では行かないことを知っている。

なぜなら、カジノや宝くじがBETした金額を失うか否かであるのに対し、株式投資の損失額の決定は「自分次第」だからである。たとえ損失拡大の進行中であっても投資家のわずかな希望が消えたわけではなく、自分の負けが決定したわけでもない。投資家は過去の事例から「戻る可能性」を模索してしまう。

あらゆる情報を収集し資料を広げて対外企業の分析に余念がない投資家も、損失を抱えた途端に「含み損」という自己の内面の秘密事と向き合うことになる。

分析の対象が「企業」から「自分」へと切り替わるこの落とし穴に、大抵の投資家が足を踏み外して落ちてしまう。

自分をどうコントロールし、含み損をどう扱うべきなのか。まず先に負けを受け入れる潔さが必要であるが、損切りのタイプを「ルールによる損切り」「状況判断による損切り」の2つに分けて解説していきたい。

・ルールによる損切りを設定する

損切りの基本は「損切り幅」を決めることだ。

買った株式が予想に反して下降し、予め設定した損切り価格に到達したら機械的にロスカットする。これがルールであり、購入と損切り価格の差が損切り幅である。

損切り幅（いくら下がったら売却するのか）の決定を言い換えれば、1回の失敗で口座残高の何%まで負けを許容するのか、ということである。研究しつくされた課題であるが、一般的に告知されている上の表の通りで間違いないだろう。

投資スタイル別の最大損切り目安

トレードスタイル	トレード期間	最大損切り目安（100万円あたり）
スキャルピング	数秒から数分	0.5%（5,000円）
デイトレード	数分から1日	2%（2万円）
スイングトレード	数日から数週間	8%（8万円）
長期トレード	数週間から数年	16%（16万円）

100万円の口座残高で全敗しても50回程度の勝負ができるデイトレーダーに比べて、中長期投資家は5回～10回程度の勝負しかできない。その理由は見ているチャートが違うためで、日に1回しか更新されてない日足チャートは、大きく値幅がある分、5分に1回更新さ

れる分足チャートよりエントリー回数が少ない。

そして投資スタイル別に基本とされるこれら損切り額の設定で大切なことは、予想する「獲得金額」を考慮することである。

なぜなら、カジノのルーレットの赤黒に賭ける場合のペイアウト倍率は約2倍である。100円賭けて勝てば強制的に2倍の200円になり、負ければ100円を失う。このルールがあって成り立つゲームなのである。

株式投資では見落としがちであるが、カジノと同様に最低限のペイアウト倍率の考慮なくして負け額を決めることは（勝負することも）できないのである。

・リスク・リワード1対1の法則

株式投資でいうペイアウト倍率2とは、リスク（損金）・リワード（益金）1対1の設定のことである。

逆指値注文をして100円の負けを許容するなら、それと同時に最低100円の利益を見込む指値注文を出しておく。賭けた100円を失うか倍になるのか、ペイアウト2倍のトレードとなる。

リスク・リワード1対1の設定

利益幅＝損切り幅にする

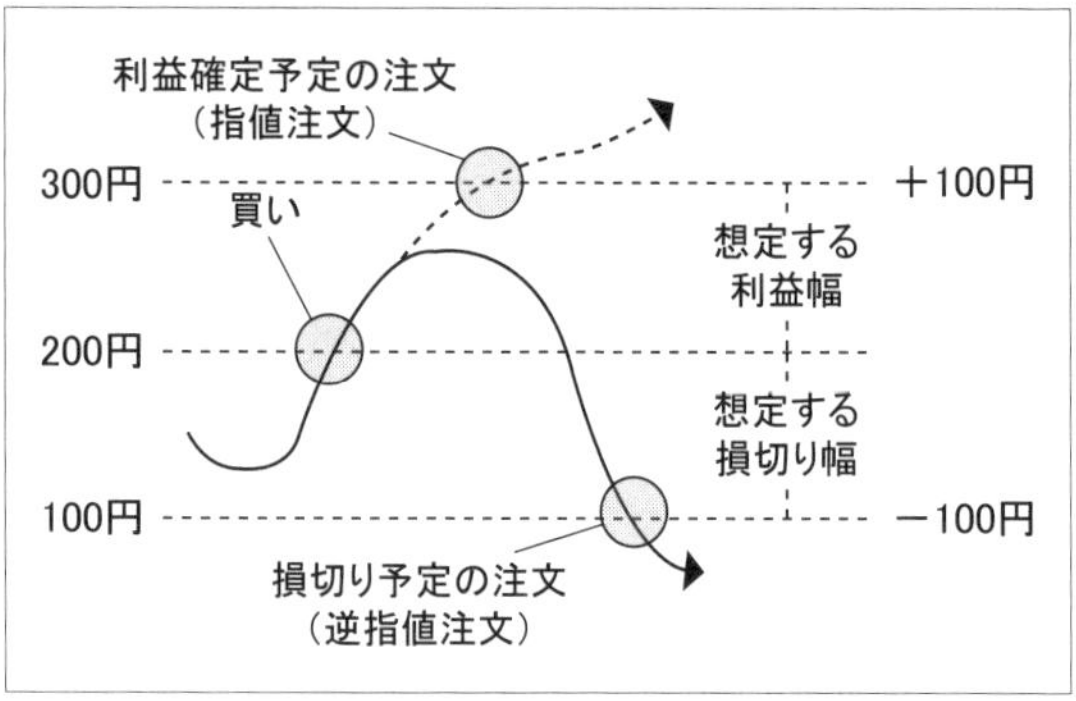

上の図を見てみよう。

1回のトレードで100円の負けを許容する場合、200円で買った株式の損切り価格は100円、利益を確定する価格は300円となる。リスク・リワード1対1とは利益幅と損切り幅が同じになるトレード方法と覚えよう。

なので、もし利益幅を50円で予定より早く確定してしまったら、次のトレードの損切り幅の設定は50円となる。60円なら60円と、利益以上の損失を出さず1回の負けは1回の勝ちで取り戻すルールである。

多くの投資家がリスク管理と口を揃えてはいるが、100円の負けに対して利益が50円前後になっているだろう。コツコツ勝ってドカンと負けるのも同じことで、リスク・リワード1対1の法則から外れているのである。

コツコツ勝った履歴には、同じ金額のコツコツした負けが印字されていなければならない。

リスク管理には、予測する勝ちと負けの金額の双方のデータが必要なのである。

また、リスク・リワード（損失と利益）を固定にすることで、はじめて勝率51％以上にするための手法の検証が行えるだろう。「どこで買ったら損をして、どこで買ったら利食いになるのか」そういったポイントを知ることができる。

・状況判断による損切りとは？

前項のルールによる損切りは、利益幅も含めた機械的な処理で、正にシステムトレーダーが最初にセッティングするパラメーターの1つでもある。

続いて解説する「状況判断による損切り」とは、機械では真似できない人間の感覚的決断（手動による早い損切り）を要するもので、こちらは利益幅を考慮せず損失を最小限に食いとどめることに重点を置いている。いくつかの例を挙げながら解説していこう。

状況判断その①「手法が失敗している」

株式投資には様々なロードマップを示唆する手法が存在する。

例えば有名な「月曜の窓埋め理論」は、月曜朝の取引をギャップダウンして迎えた株価が、

窓埋め理論手法の失敗例

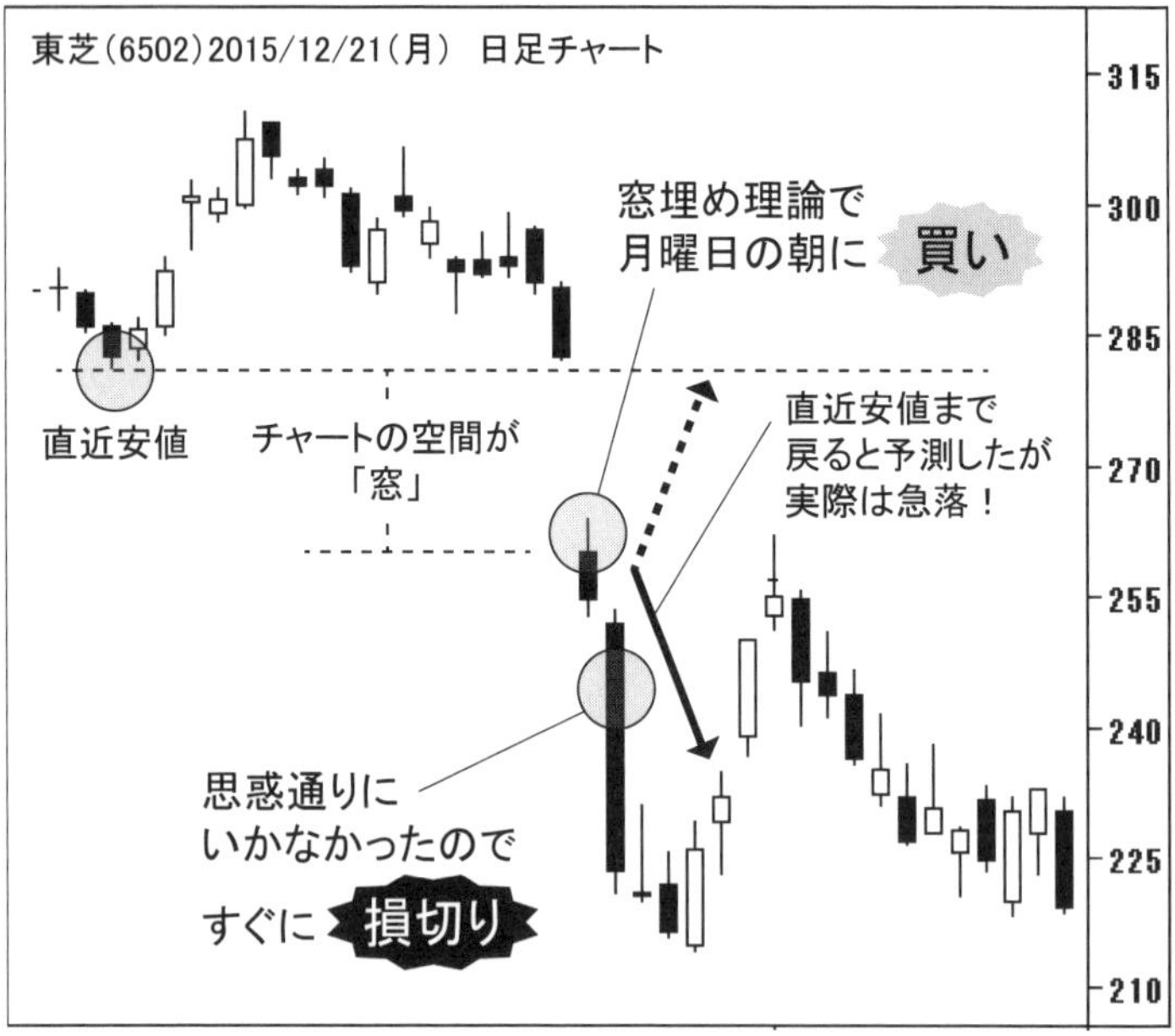

東芝(6502)2015/12/21(月)　日足チャート
315
300
285
270
255
240
225
210
窓埋め理論で
月曜日の朝に
買い
直近安値
チャートの空間が
「窓」
直近安値まで
戻ると予測したが
実際は急落！
思惑通りに
いかなかったので
すぐに
損切り

直近安値まで高確率で戻る可能性を示唆している。

よってこの手法としての成功は、月曜の朝一に買って直近の安値ぐらいまで上昇して決済した時となる。

一方、失敗は上昇せずに動かないか、下落を続けた場合だろう。上図はその失敗例である。

高値ブレイク（77ページ参照）や他のチャートテクニカルを使った手法の失敗の大半がこれに当てはまり、ロードマップから外れたか否かがチャート上で目視することができる。

前項のある程度の損失を受け入れるルール化した損切りに対し、こちらは手法の失敗と同時に任意で早い損切りを心掛けている。

そして、どんな手法であっても基本となるのは「思っていた値動きと違うかも……」と感じたらひとまず損切りをして相場を見渡すことである。

この考えを後押しするのは「また行きそうなら買い直せばいい」といった楽観的なもので、それはトレーダーにとって大切なのは現在の株価でなく、その後の「値幅」の方であり、損切りした後に手法が当てはまれば再度買い向かうスタンスが必要だからである。


本書で取り上げた他の手法の損切り例もみていこう。

次ページの図はサイクル・イン（83ページ参照）の損切り例である。

直近安値まで下落したポイントでエントリーするサイクル・インの根拠は、上昇トレンドを背景に買値である直近安値を割らないことであった。よって想定が崩れて失敗となるのは「直近安値を大きく離脱した時」である。

図の買い①③は順調に直近安値でリバウンドをしている。

しかし買い④はどうだろうか。ここで買ったポジションは想定と違う動きに巻き込まれて

サイクル・インの失敗例

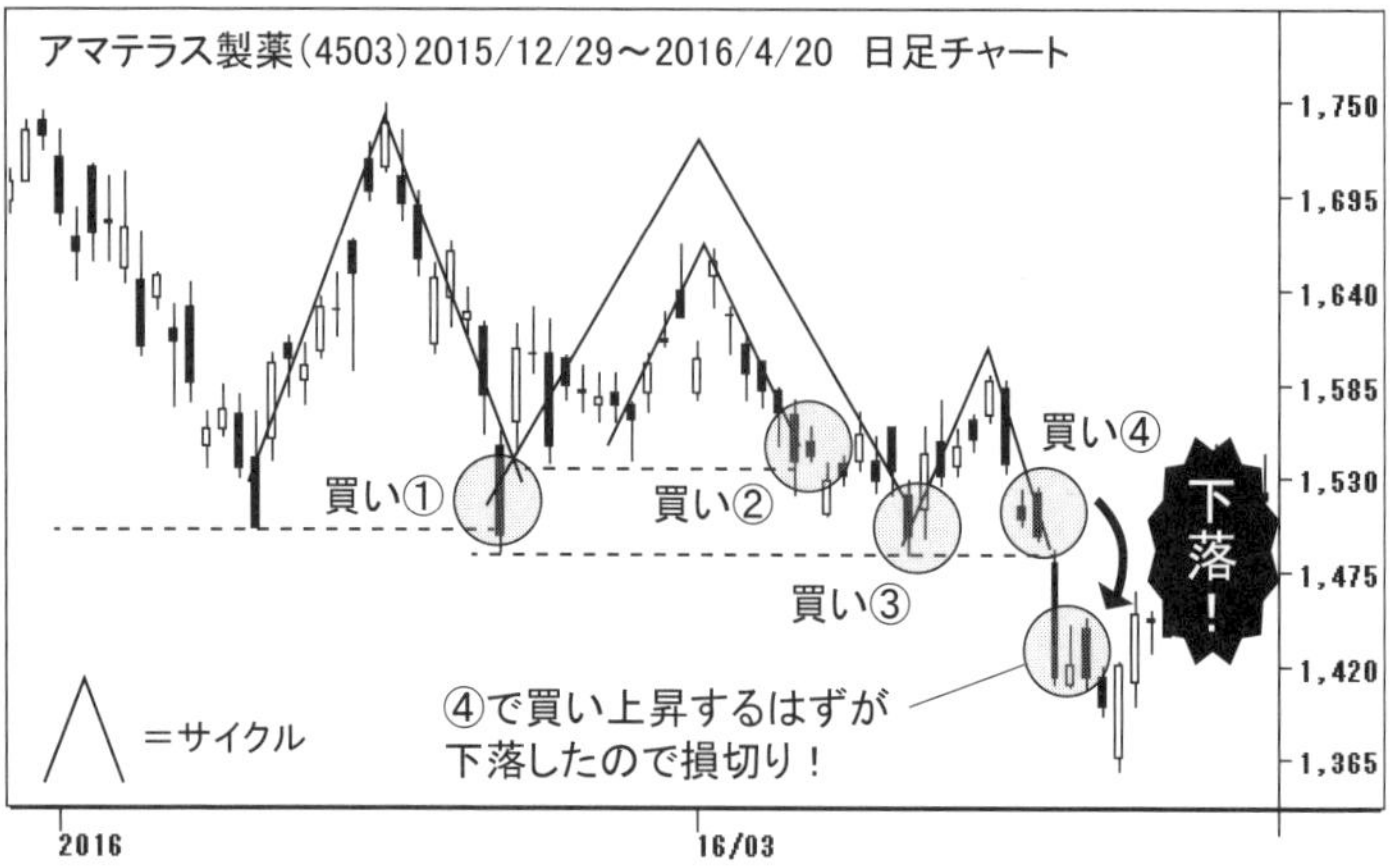

いる。大きな損失になる前に決済が必要である。なぜなら、複数の安値を割った陰線は、サイクル・インの形と機能を失わせているからである。

大切なポイントは買った直後に急落したから損切りでなく、手法の形が壊れたという理由で損切りすること。

例えば買い②が少し下落すると買い③と同じ価格になる。そして買い③は買い①とサイクルを結んでいる。手法がまだ生きているのだ（ここから戻る可能性を手法が示唆している）。

よって、買った直後に下落したからといって買い②のポジションを慌てて損切りする必要はないのである。

状況判断その②「感応度が鈍っている」

１日に１００回前後の商いをする短期トレーダーの取引履歴には、小分けして同値撤退したものや株式を買った直後（1秒~2秒後）に損切りしたものまである。

彼らが買った瞬時に「ダメだ」と判断し、損切りした理由のほとんどが「反応の鈍さ」で、自分の後に続く買い注文が想定（普段）より少なかったからである。

自分以外に買う人が現れない限り、株価は上昇できずに損失が確定する。短期トレードなので少なくとも自分が買った瞬間は株式の奪い合いにならなければならないだろう。

この判断は手法が失敗する以前の最初の一手（買った瞬間の状況）の話で、経験が要される損切りと言えよう。

そして、第2章の57ページにて「プロ投資家の選ぶ銘柄とは、上昇の反応が強く、下降の反応が鈍い株式である」と記した反対の事象が今回の損切りパターンであり、つまりは「上昇の反応が鈍かったら即時撤退」することであるが、次ページの図を参照することで短期トレーダーのプロ達がその反応の鈍さを買った瞬間に判別していることが分かるだろう。

プロの短期トレーダーの同値撤退と損切り

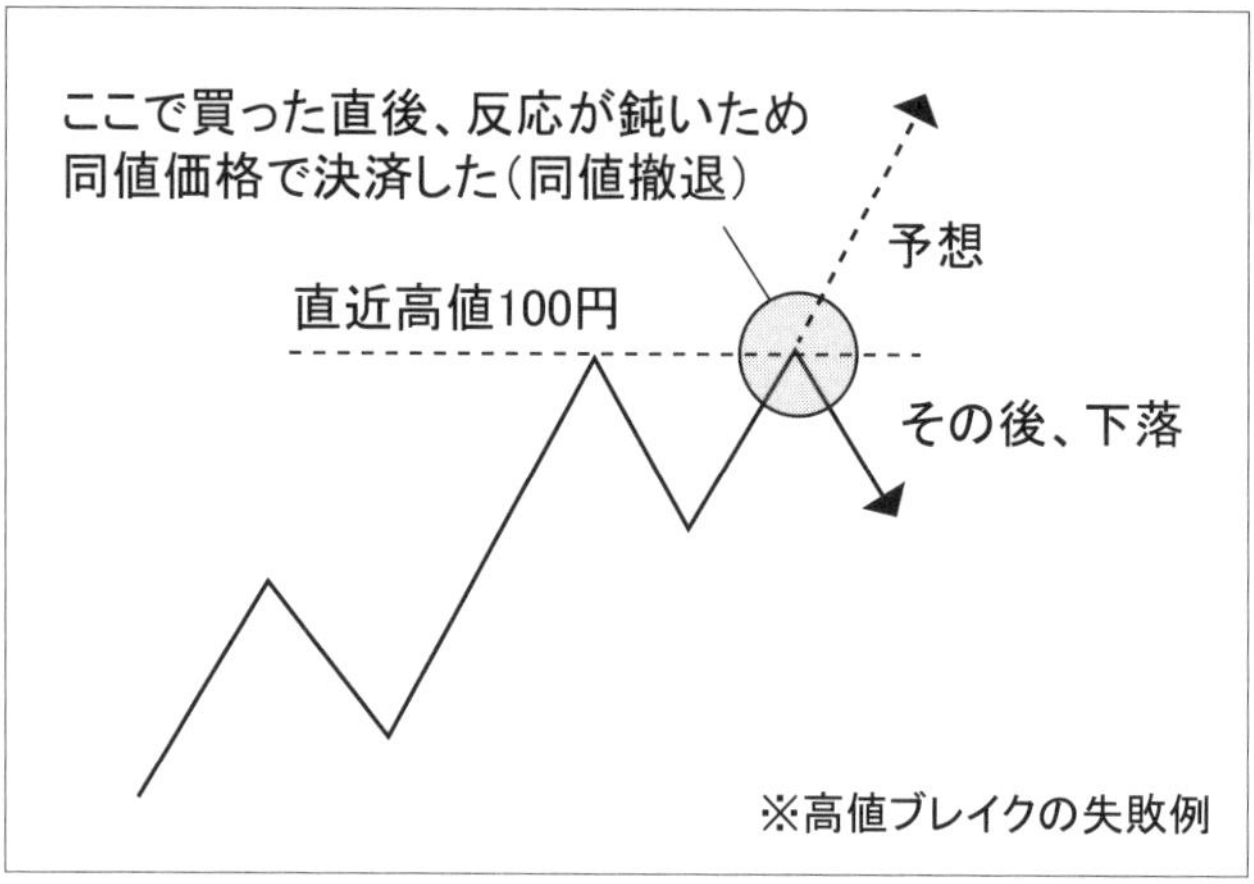
ここで買った直後、反応が鈍いため
同値価格で決済した（同値撤退）
予想
直近高値100円
その後、下落
※高値ブレイクの失敗例

どのようにして反応が鈍いと判断したのか？

売気配	株価	買気配
	≀	
32	102	
46	101	
156	100	
	99	22
	98	28
	≀	

➡

売気配	株価	買気配
	≀	
32	102	
46	101	
22	100	
	99	22
	98	28
	≀	

100円156枚の売物を
一発で全部買ったが

➡

全部買ったのに
売物が出てくるので
同値撤退か損切りを考える

・躊躇なく損切りするには？

私は株式ディーラーで証券の営業マンではなかった。よって見知らぬ人へ株式投資を勧めたことは一度もなかった。これからも無いかもしれない。なぜなら、損切りができないだろうと考えてしまうからだ。

一般的にも損切りができる（勝てる）ようになるまでに平均500万円の負けを経験すると言われている。その大学の4年間に相当した授業料が本当に必要経費なら誰も投資を始めないだろうし、私は投資に手を出す方々へ向けて一層と警告するだろう。「やめておけ」と――

事実、これまで私が投資家へ向けてきた大半の言葉は、投資の難しさや悲惨さをテーマにした警告文のようなものであった。経験がある投資家でも一度の負けが尾を引いて口座資金のすべてを失うケースが予想以上に多いのである。

まずはこのことについて解説したい。「熱くならない、理性を失わない」などの忠告はその通りなのだが、自分をコントロールするためには、損切りを難しくさせる原理をもう少し踏み込んで知る必要があるだろう。

・なぜ負けが止まらなくなるのか？

投資家は追い込まれるほどにリスクを選択する。1万円の利益を積み上げていた投資家が不意に5万円やられると「もう、どうにでもなれ」となってしまう、よく耳にするパターンである。次の一手はその5万円を取り戻すために大きくなるだろう。

そして問題は賭け金（株数）が増えたことではなく、手法までもが自暴自棄になってしまうことである。この場合、1万円を積み上げた手法の継続がなければ負けを取り戻す確率は皆無に等しい。損切りを見送るのも同じ行為で、「含み損」が大きくなるほど損切りを難しくさせる。それは自然と過大なリスクを選択していることになる。

そして反対に、投資家は平和になるほどリスクを取らない性質がある。我々の歴史が参考になるだろう。非行少年は減りつつあり、いつしか酒もタバコも懸念されるようになった。余談だが、あれもダメこれもダメと規制のがんじがらめで生活に起伏がなく、私は人生の面白味を欠いているような気がしてならない。このような平和のうちにリスクの芽を摘んでしまう行為は、含み益のある建玉を損になる前に早く決済してしまう心理である。

これらのマーケットにおける利小損大の原理について、行動経済学の研究で分かったことは、自分に有利な場面ではリスクを避けて、自分に不利な場面ではリスクを取ることを好む、という人間の本能の作用であり、結局はコントロールが難しいという結論に至っている。つまりは必然的に、死と隣り合わせになったら命を懸けて戦うし、そうでなければトラブルを避けるということである。

このようにマーケットで投資家は負ければ負けるほど過大なリスクを選択し、また負ける確率が高まるのである。素っ頓狂な話に聞こえるが、これが投資の怖さであり一発逆転の機運もまた幻なのである。

・投資スタイルを確立する

機関投資家が無条件にトレードのプロであるとは限らないが、マーケットで生き残るために法人という観点から長い歴史で築き上げてきたルールがある。その1つが投資スタイル（投資の期間）を変えないこと。

例えば、あるデイトレードの株式ディーラーはどんなに日々上昇しようとも相場の引けで株式をすべて決済して持ち越さなかった。一方、スイングポジションを持つディーラーは一切デイトレードを行わなかった。投資スタイルを変更するトレーダーは一人もいなかったのである。

一般的には相場に合わせて手法や投資スタイルを変更する種の言葉が残されているが、実際それで成功しているトレーダーは少ないだろう。時間軸を途中で変更してはならないのだ。一貫したやり方を続けないと益金と損金に矛盾が生じてしまう。

デイトレーダーが引けで決済できずに持ち越すと、翌朝そのほとんどがどういうわけか損切りになる。長い時間軸(スイング)で生じた損金を今からデイトレードで取り戻す羽目になってしまう。手が狂いだすのは火を見るよりも明らかである。

このように機関投資家は短期も長期もしていては思い通りの成績が残せないことを知っている。想定外をつくらない。いつもの利確と損切りであって上司が部下を問い質すこともない。トレーダーの心境を壊さないルールである。

よって我々トレーダーは銘柄を購入する時点でまず短期か長期かという投資目的をはっきりさせなければならない。投資スタイルが違えば、選ぶ銘柄も買うタイミングも違ってくる。投資スタイルを絞らなければ、一貫した利確と損切りができないのである。

・個人的事情をマーケットに持ち込まない

【投資家Aの発言】

「俺が損切りした価格より、なんで上がってんだよ……。ふざけるな！」

【投資家Aの気持ち】

自分一人が騙されて損切りさせられたような気持ちになる――

あったはずの口座残高が目減りしている――

早急に手を打って空いた穴を埋めなければならない――

歯車が狂いだすのは決まってこの後で、投資家を演ずる脚本を書くのは簡単なのではないかと思ってしまう。マーケットは絶え間なく挽回のチャンスを提示し続けている。私を含めて恒例行事のように損する度に文頭の悲劇を演じている投資家も少なくないだろう。

当然のことながら、私が失ったお金を返せとマーケットに手を伸ばしても反応がないだろうし、ノートを広げて昨日と今日の差額が10万円でこれだけ足りないことを説明してもダメだろう。そう、脚本の内容はすべてマーケットと無縁な個人的な事情なのである。

投資家は個人的事情をマーケットに持ち込む傾向があり、「裏切り」「仕返し」といった怒りを抱え込んでしまう。「熱くなったら負け」の典型であるが、これを抑制するために効果的な台詞がある。それは「マーケットは常に中立で、個人の事情は考慮されない」という言葉で、どんな格言よりも役に立つだろう。私はこれを繰り返し唱えることでマーケットを憎まずに済んでいる。そしてもう1つ、似たようなことだが株価に執着し過ぎないことが大切である。

例えば、695円で損切りした株式を700円で買うことができるだろうか。一度裏切られたマーケットに、また煮え湯を飲まされるかもしれないし、仕返しをもくろむ投資家には納得のいかない価格に映るだろう――

しかしマーケットが常に中立であるなら、695円と700円の因果関係はどの瞬間においても一切無いことになる。695円より安く買わなければ損切りした自分が報われないことも、結局は自分事をマーケットに持ち込んでいるに過ぎないのである。個人的事情とマーケットを切り離すことで躊躇なく損切りをして、チャンスが来ればためらいなくまた買うことができる。

３・株価が下落するパターンは決まっている

投資家が株式を売却する際には「もうそろそろかな……」という判断をする。経済ショックなど場合によっては急いで投げることもあるだろうが、損切りと利益確定のどちらについても株式を手放すタイミングを計ることに違いはないだろう。

ある日の下落を想定した場合、もうそろそろと思ってした決済が下落後なのか、前なのかで大きな差が出ることは一目瞭然でそれが運用成績を大きく左右する。

プロの投資家は「事」が起こる前に察知している。言うならば株式のピークとボトムを見極めて上手く逃げている。株価の変動パターンを知ってこそなせる業と言えるだろう。

・過熱する市場が下落するパターン

２０１５年７月「欧州連合（ＥＵ）が求める財政緊縮策への賛否を問うギリシャの国民投票」、２０１６年６月「英国のＥＵ離脱の是非を問う国民投票」、２０１６年11月「米国大統領選」などの市場を揺るがすニュースは、どれも海外の話ばかりであるが、日本の株式市場に大きなインパクトをもたらした。

これらのニュースは最も顕著な株式の下落パターンであり、株式市場においてよく○○ショックと名付けられていることを知っているだろう。

その内幕の一部を68ページ（英国EU離脱トレード）で解説しているが、株式の下落を加速させたのは、果たして賭けに負けた投機家だけなのだろうか。やむなく損切りした投資家もいるし、結果が出てから売り仕掛けしたトレーダーもいるだろう。

しかし株式を投げ売りする主体は機関投資家である。国内外の証券会社やヘッジファンドが株式を下落させ、投資家をパニックに陥れている。一般的にはやむなく損切りした投資家の一人に数えられているが現実は少し違うようである。

今回はこの点に着目し、株価が急落するタイミングを機関投資家が持つ株式の量（後に売り出される量）から推測してみたい。

機関投資家の持つ資金が大きいことは想像に難くないが、裸一貫で株式を買って損に耐えるような運用をしているわけではないだろう。何かしらの「保険」を掛けるのが常で、その代表的なものに株式と日経平均先物（以後、先物とする）を組み合わせた「裁定取引」または「アービトラージ」と呼ばれる手法がある。

裁定取引（アービトラージ）の仕組み

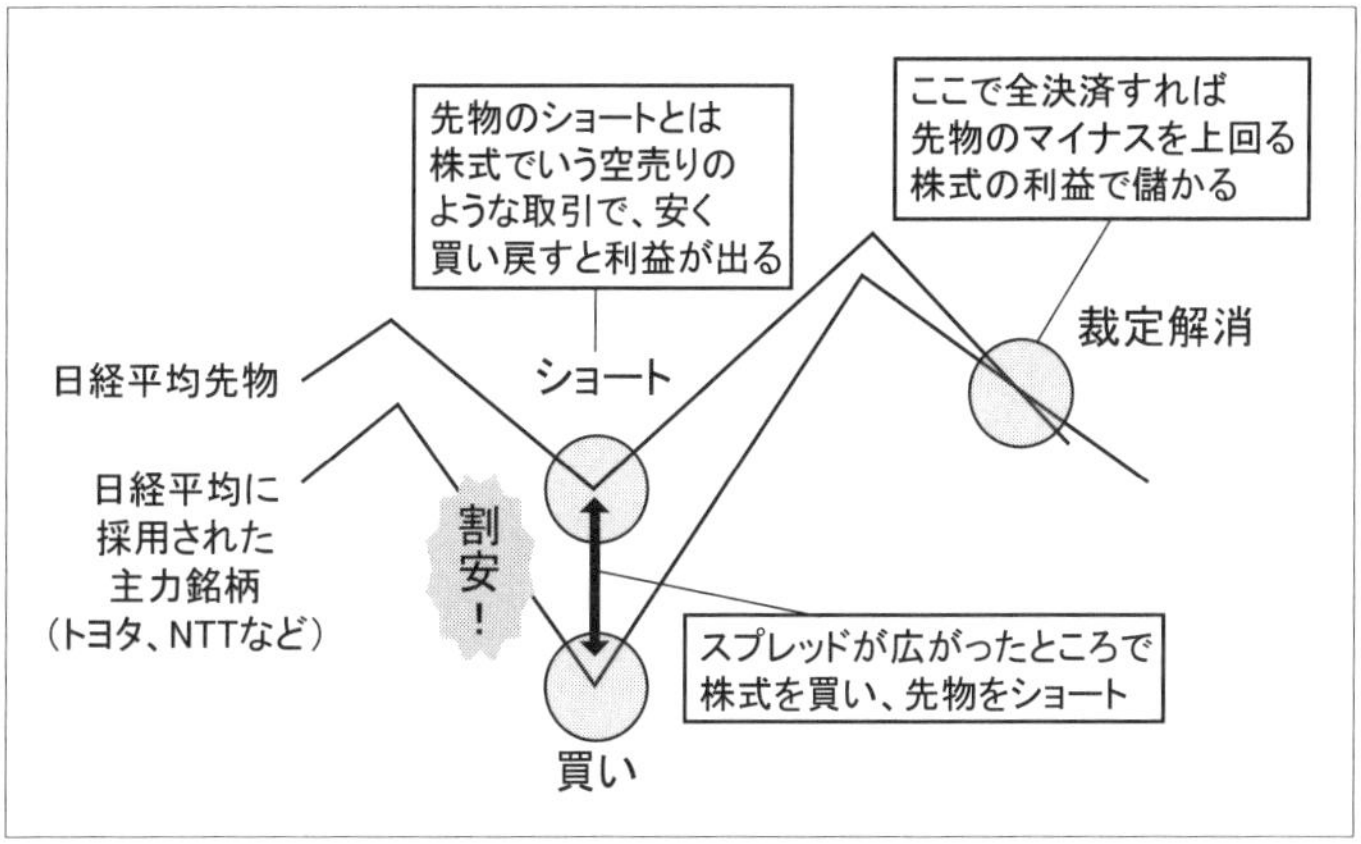
先物のショートとは
株式でいう空売りの
ような取引で、安く
買い戻すと利益が出る
ここで全決済すれば
先物のマイナスを上回る
株式の利益で儲かる
裁定解消
日経平均先物
ショート
日経平均に
採用された
主力銘柄
（トヨタ、NTTなど）
割安！
スプレッドが広がったところで
株式を買い、先物をショート
買い

割安になった株式を買うのと同時に先物をショートする。この裁定取引の真の威力は株式が下落しても先物が利潤を生むヘッジ機能にあり、何の迷いもなく機関投資家は持ち株を損切ることができる。

つまり、保険を掛けることによって大量の株式を購入し、ショック到来で売り方へ転身した彼らの手には大量の下げ玉がある——株式を投げ売り、先物を利確し、また安くなった株式を買って先物をショートする。株価の大きな下落の正体の1つに、機関投資家の「裁定解消売り」があることを覚えておこう。

日本取引所グループが情報提供しているものに「裁定取引の状況」がある。

これは毎日更新されるもので、主要数社の裁

裁定買い残高（金額ベース）と日経平均株価の関係

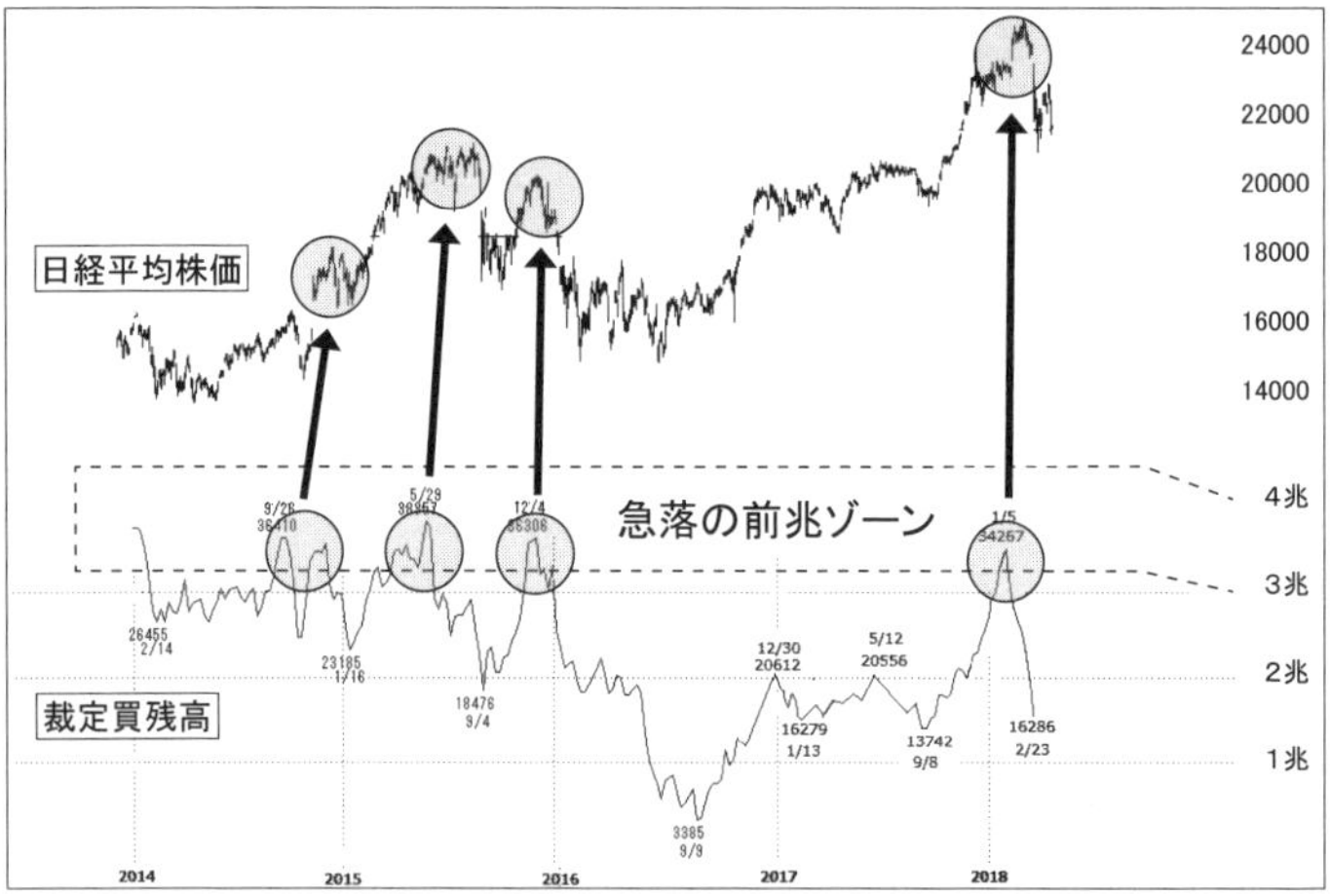

➡ 3兆円を超えると株価がピークをつける

定取引における買い残高（金額と枚数ベース）が記載されている。そして、この時系列データの推移をチャートにしたものをウェブ検索で見つけることができる（「裁定取引残高の推移」で検索）。

上図は、裁定買い残高と日経平均株価をチャートで見比べたものだが、買い残高が3兆円を超えると日経平均株価に急落の危険信号が灯ることが分かる。

日経平均株価の変動だけを見ていても1万4000円が2万4000円になった履歴は読み取れるが、その過程におけるピークアウトがどこで発生するのかが分からない。

しかし、裁定買い残高は３兆円後半で日経平均株価がピークアウトすることを示唆している。

では、裁定買い残高が３兆円を超えて日経平均株価がピークアウトする兆しが見えてきたらどうすべきか。

恐らく世間では「株高」が注目を集めているだろう。今まで株式投資に縁のなかった方々が参加するのがこの頃であり、彼らへ向かって私は「安くなったら買いな！」としか言えない。

一方の機関投資家は、膨れ上がった持ち株を早く売却したいと思っている。新規参入者の需要と一致するわけだが、先物をショートしている機関投資家は株式を手放しながらも平均株価を下げさせないと利益にならない。

このために下落はいつも一瞬であり、株式投資の初戦で運悪く含み損を抱える新規参入者が少なくないのである。

よって裁定買い残高が３兆円を超えた時に限っては個人投資家にも先物をショートする保険が必要だろう。株式を持っていない（新規参入者も含む）投資家の場合は、裁定買い残高が下がるまで「様子見」が賢明である。

・人気化した銘柄は外資に狙われる？

前項は東証一部全体の話であり、相場の脈拍をつかむために重要であったが、次に個別銘柄のその中でも個人投資家（特に若い世代）に好まれる新興銘柄の動向に着目してみよう。株式で新興という定義は、新しい分野で事業を展開する企業である。

新興銘柄の株価は、国や政局を揺るがす大きなニュースの内側で新しい分野＝「テーマ」を背景とした人気具合により形成されている。そのテーマの大半がＩＴ技術産業であり、今後も若者を虜にし続けるだろう。例えば、仮想通貨である「ビットコイン」やビッグデータを活用した「自動運転（ロボットカー）」など材料に事欠かない。

しかし「人気」が株価を下支えする期間は短いことを覚えておこう。業績に対する裏付けがないので当たり前なのかもしれないが……。よって下落パターンの２つ目は「人気がなくなる時」となる。

・連れ高した銘柄にご用心！

テーマは○○関連と呼ばれるように、テーマに該当するいくつかの銘柄がセクターやグループ単位で扱われる。

左の表は、２０１６年に任天堂の出資会社である米ナイアンティック社が世界的ムーブメントを引き起こした「ポケモンＧＯ」に関する主なテーマ株一覧である。老舗企業である任天堂が新興銘柄の扱いを受けるのは、新しいスマートフォンの分野へ参入したからである。

そしてポケモンＧＯが人気を博すと、ポケモンに関連する様々な会社が浮上して人気を集めた。

このようなテーマ関連銘柄はネット上で簡単に調べることができるが、情報に長けた強者であってもテーマに乗って初動で関連銘柄を買うことは難しいだろう。大半の個人投資家が上昇率ランキングを通して「この会社って任天堂と関係していたのか……」と知ることになる。

つまり任天堂が買われたと同時に

ポケモン関連銘柄

会社名	会社概要
任天堂 （7974）	ゲーム機ハード・ソフトで総合首位。 ポケモン版権管理（株）ポケモン、 ポケモンGO運営会社である。 米Niantic社に出資している。
ディー・エヌ・エー （2432）	任天堂は2015年3月17日、DeNAと 資本・業務提携すると発表している。
サノヤスHD （7022）	グループ会社のサノヤス・インタラク ションズ社がポケモンとの会話を楽しむ ことができる体験型エンターテイメント 施設の「ポケモンEXPOジム」を運営 している。
イマジカ・ロボットHD （6879）	子会社のオー・エル・エム社がポケモン のアニメを制作している

「ポケモン関連銘柄」でネット検索すると
簡単に情報を入手できる

ポケモン関連銘柄のその後の値動き

任天堂と同時に関連銘柄も買われたが
その後も上昇を続けたわけではなかった

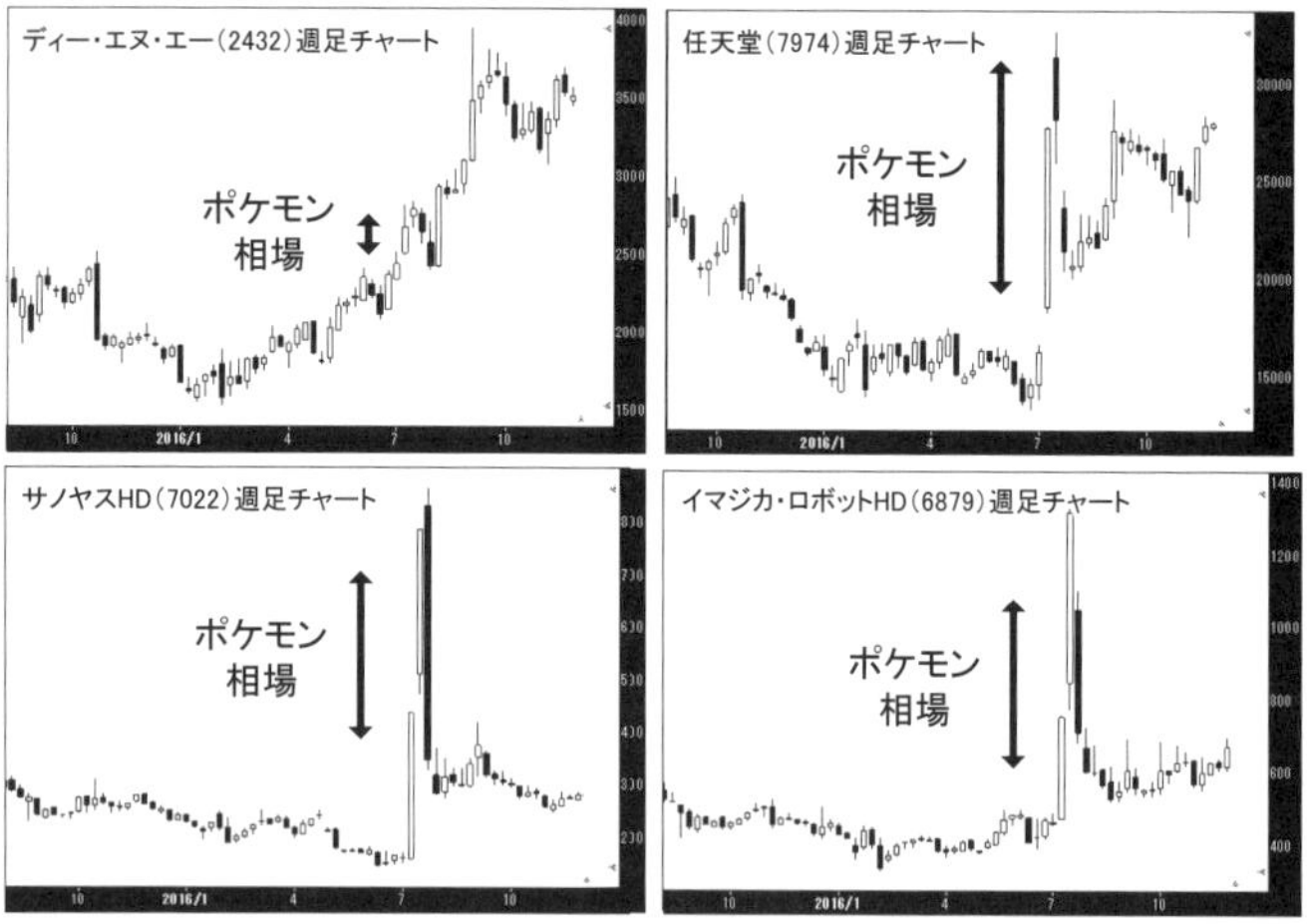

サノヤスＨＤを連想して買うことは至難の業で、それは機関投資家も同じである。

個人と機関の違いを挙げるならば、個人は関連銘柄の出遅れを探しだして買うことに躍起になるが、ヘッジファンド等の機関投資家にとってその出遅れ・連れ高した銘柄は、手出し無用か売り（空売り）対象であることだ。

テーマで動く相場はある程度の時間を要することで、渦中にいては分からなかったことが見渡せるようになる。

上図で分かることは、人気で上昇した部分ははく奪されてしまうこと。それはテーマの本体である任天堂以外の関連会社の下落率が大きいことである。

サノヤスＨＤ、イマジカ・ロボットＨＤは初動でこそ任天堂と連動していたが、その後は懐疑的な値動きになっている。堅調な上昇を続けたディー・エヌ・エーは別のテーマ「自動運転（ロボットカー）」の関連でもあったために、投資家の関心がそちらへシフトしている。

要するに、ポケモンＧＯが人気を博したのはゲームの分野であり、その恩恵が少なくとも任天堂にはあるだろうが、他は分からないということである。

１つの材料で複数の銘柄が急騰した場合、どこが本体でどこが関連なのかを見極めた方がよいだろう。そして連想買いが発生している関連銘柄はデイトレーダーの主戦場であり、短期間の上昇に留

外資に狙われる関連銘柄

（株）イマジカ・ロボットHD（6879）
機関投資家の空売り残高情報

計算日	空売り者	残高数量	増減量
2016/11/29	モルガン・スタンレーMUFG	218,400株	-48,600
2016/11/24	モルガン・スタンレーMUFG	267,000株	-41,900
2016/11/15	モルガン・スタンレーMUFG	308,900株	-9,800
2016/11/09	モルガン・スタンレーMUFG	318,700株	+8,100
2016/10/31	モルガン・スタンレーMUFG	310,600株	-16,900
2016/10/20	モルガン・スタンレーMUFG	327,500株	+16,600
2016/10/19	モルガン・スタンレーMUFG	310,900株	-4,400
2016/10/18	モルガン・スタンレーMUFG	315,300株	+47,900
2016/10/11	モルガン・スタンレーMUFG	267,400株	+11,900
2016/10/06	モルガン・スタンレーMUFG	255,500株	
2016/07/26	モルガン・スタンレーMUFG	137,100株	-102,500
2016/07/20	モルガン・スタンレーMUFG	239,600株	
2013/10/17	Deutsche Bank London	104,900株	-19,100
2013/10/16	Deutsche Bank London	124,000株	-4,400
2013/10/15	Deutsche Bank London	128,400株	-8,700
2013/10/11	Deutsche Bank London	137,100株	-4,900
2013/10/10	Deutsche Bank London	142,000株	+4,700
2013/10/09	Deutsche Bank London	137,300株	+11,900
2013/10/08	Deutsche Bank London	125,400株	

大きな空売りが入っている

まる可能性が高いため安易に手を出すべきではないのである。

前ページの表は日本取引所グループが提供している「空売りの残高に関する情報」を元に作成したイマジカ・ロボットＨＤの空売り情報であるが、ポケモン相場（２０１６年7月）が始まると同時に機関投資家による大きな空売りが入ったことが分かる。もう1つの関連銘柄であるサノヤスＨＤもまったく同じ状況である。

・なぜ好決算なのに株価が下落するのか？

企業の決算発表は本決算と3ヶ月ごとの四半期決算がある。この年4回の決算発表が近づく頃に、投資家の頭には前年より「増益か」「減益か」の2つがあり、当然のごとく下落を警戒するパターンは「減益」を想定したものである。

しかし、株式投資のキャリアがある投資家なら、アナリスト予想を上回る好決算で株価の下落パターンを目にしたことがあるだろう。

相場は生き物と言われるように、そこには名医がいくら診断を施しても原因の分からない事象も頻発しているが、好決算の発表で株価が下落する一般的な見解は、決算発表前の「上がり過ぎ」が主な原因とされて、時には投資家の「期待より決算内容が良くない」（織り込み済み）などの漠然とした理由付けもされている。

ここでは、もう少し踏み込んでなぜ好決算なのに株価が下落するのか、その要因を次の２つの視点で需給の関係から解説する。

好決算でも株式が売られることがある

小野薬品工業が5月11日に決算を発表。16年3月期の連結税引き前利益は前の期比81.8％増の332億円、17年3月期も前期比2.3倍の750億円に急拡大を見込み、12期ぶりに過去最高益を更新する見通しとなった。
同時に、今期の年間配当は40円とし、実質配当は11.1％の増配となる方針。（2016年5月11日ロイターニュース）

「過去最高益！　増配！」の好決算だったが……

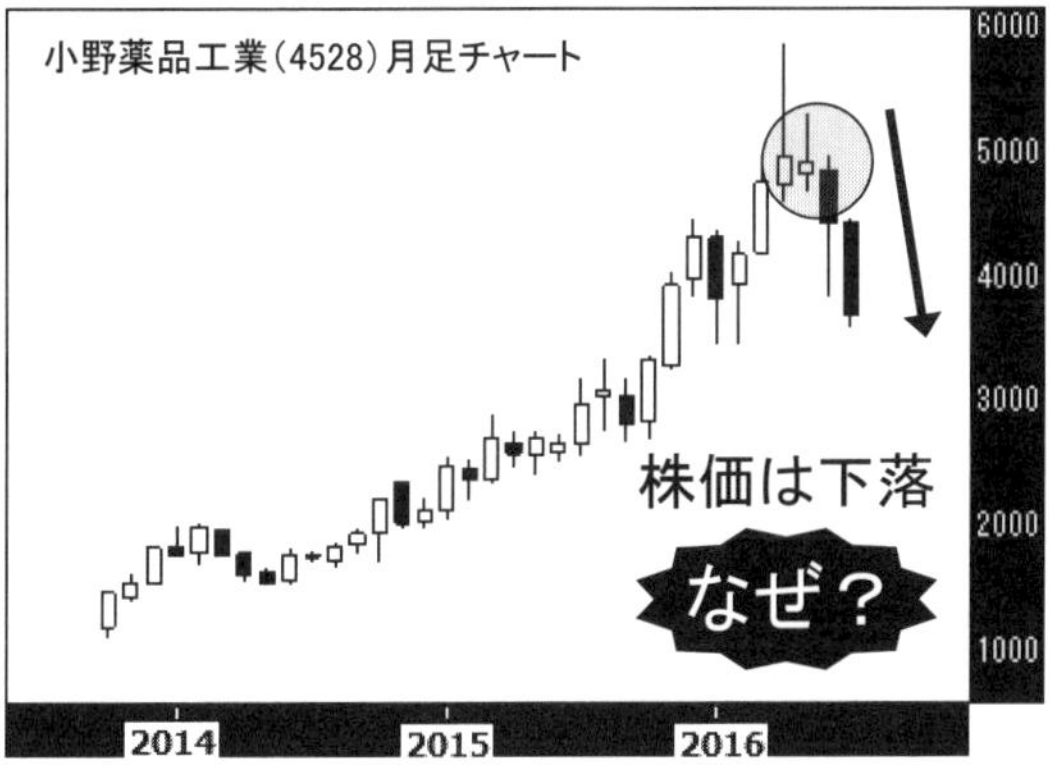

・価格帯別累積売買高
・株価の水準（頭打ち）

・価格帯別累積売買高

「価格帯別累積売買高」とは、銘柄の株価を一定の価格帯に区切って、価格帯ごとにどれだけの売買があったかをグラフ表示する指標である（各証券会社の取引ツールに付属）。

価格帯別で売買の量を計ることとは、その価格帯で株式を掴んでいる投資家の量、つまり「どれだけの人がその価格で株式を持っているのか」といった需給を探ることに繋がる。これは株式投資の面白い部分である。

多くの投資家が株式を持っている価格帯には、抵抗線のような「壁」が造られている。その壁を突破（上にも下にも）するには売りをこなすだけのパワーが必要とされる。このことが好決算で上昇できない理由の1つになっている。

次ページの図は小野薬品工業（4528）の決算発表（5月11日）1ヶ月前のチャートである。一切のニュース記事を無視し、「価格帯別累積売買高」（需給）だけで決算後の値動きを予測してみよう。

決算発表前の4月に大きな売買高（約1億2600万株）が発生している。これまで700万株の商いがせいぜいの株式に何があったのか――

どんな理由があるにせよ、たくさんの投資家が高値で株式を掴んでいるだろう。よって近寄れば売りが飛んでくる、株価5000円前後には壁が造られていることが分かる。

この状態で来月（5月11日）の決算発表を迎えても不安だけが残る。プロのトレーダーならば、この壁の状況を見て手を出すことはないだろう。好決算でも売られそうな状況下で悪決算になればどうなるか、想像するだけでも恐ろしい。

「価格帯別累積売買高」で読み解く株価下落の謎

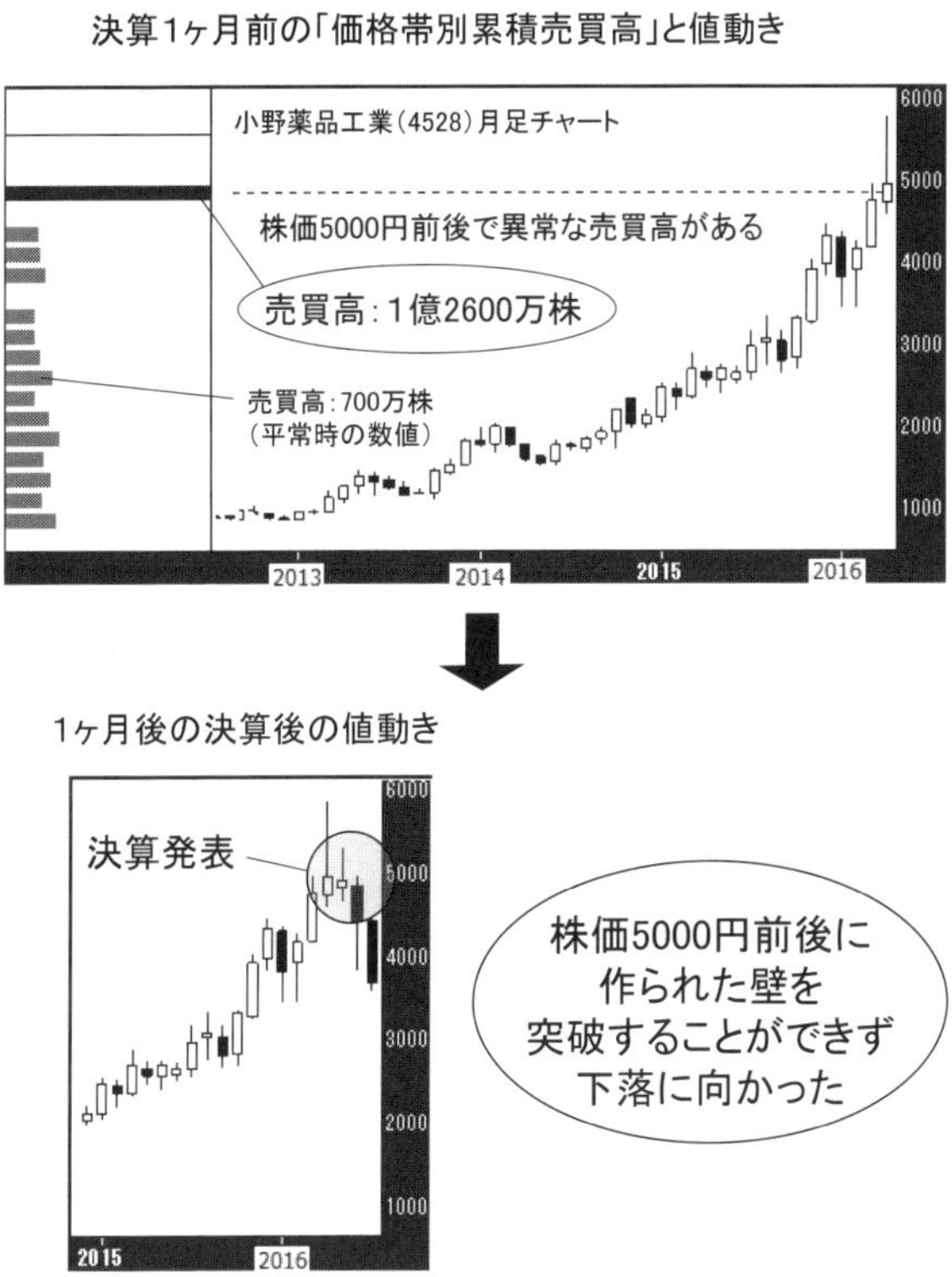

決算1ヶ月前の「価格帯別累積売買高」と値動き

1ヶ月後の決算後の値動き

このような「価格帯別累積売買高」で見る売買高の偏りを壁に例えたが、証券用語では「しこり」と呼ぶこともある。

しこりを解消するには時間か、悲観を伴う下落（処分売り）が必要で、小野薬品工業の５０００円前後の突破はしばらく難しいことが分かる。

プロ投資家はしこりの場所を頭に入れてトレードをしている。高値で大きな売買高が生じたら一旦下落のサインである。持ち株を手放して様子見が賢明であるが、余裕資金で下へBETするのも面白いだろう。

・株価の水準（頭打ち）

好決算で株式が下落する理由の1つに株価の水準がある。高すぎる株式は好決算を発表前に織り込み、発表と同時に「材料出尽くし」で売られる。相場格言に「思惑で買って事実で売る」とあり、まさにこの値動きである。しかし、この格言を正しく修正すると「思惑で買って事実前に売る」となるだろう。

では、高すぎる株式とはどのような状況を指すのだろうか。まず次ページの図の上側にある日足チャートを見るだけでは株価の水準が高いのか否かの判定は難しいだろう。しかし月足チャートに切り替えれば現在値が高い位置にあることが分かる。

改めて図を見てみよう。良品計画（7453）は、連結経常利益が対前年同期比16・6％増という好決算であるにもかかわらず、週明けの取引開始の初値は、前日比マイナス6％前後の大幅下落でスタートしている。

月足チャートが頭打ちしていたら要注意

17年2月期第1四半期（3-5 月）の連結経常利益は前年同期比16.6%の114億円にて着地。四半期ベースの過去最高益を2四半期ぶりに更新した。　（2016年7月1日ロイターニュース）

好決算の良品計画だが、株価はどのように変動するか？

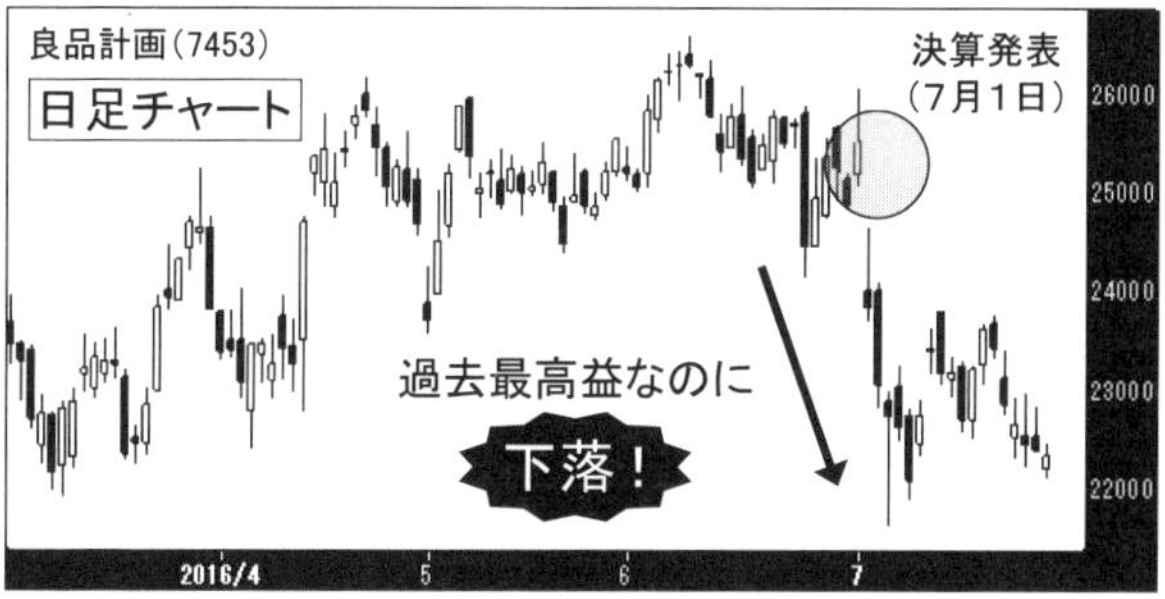

日足チャートでは下落を予想できなかったが、
月足チャートならば……

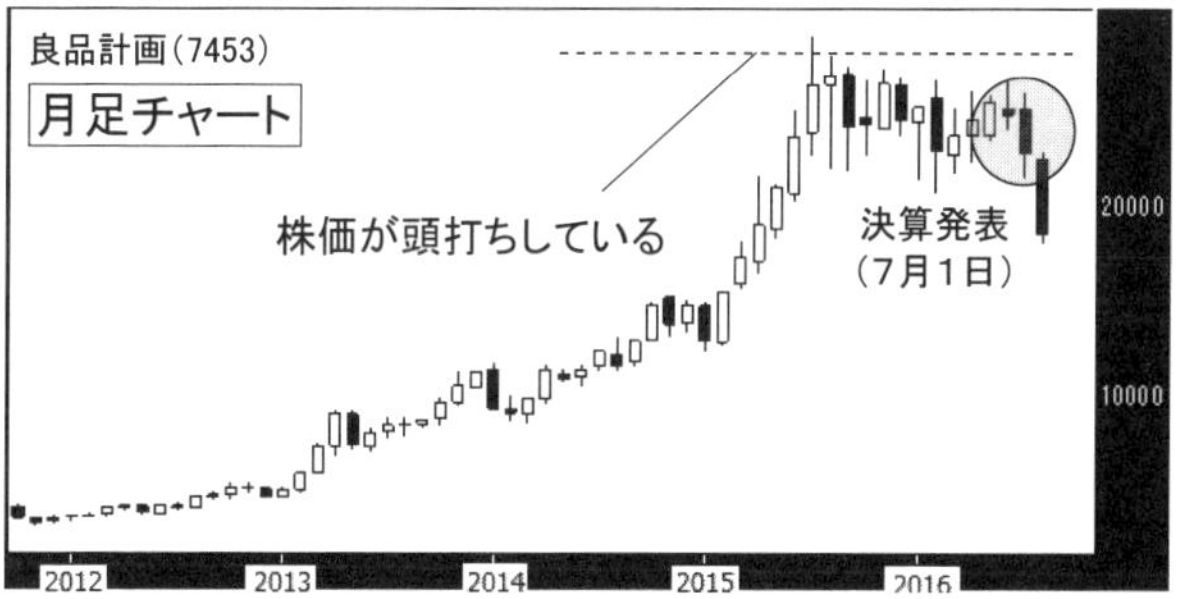

好決算の発表を続けても株価が頭打ちしていることから
今回の発表でも上昇が見込めないと判断できる
株価の水準は月足チャートで確かめるのがコツ

この下落パターンを予測するきっかけは前述した株価の水準であるが、それは単に株価（値段）が高いのではなく、月足チャートが頭打ちになっていることでその「限界」が分かることである。

一般的なトレーダーにとって決算前とは決算日の1週間前〜前日が大半で、決算前の株価の水準が決算後の値動きを左右させると思っているが、その水準は長期の状況が見られる月足チャートで調べることを覚えておこう。

そして、月足チャートで前回の決算でどう動いたのか、その変動を調べることで水準が分かり、頭打ちをしているようならば手を控えるか下へＢＥＴしよう。なぜなら、好決算でも悪決算でも下落する確率が高いからである。

・非貸借銘柄は引き際が大切

怖いもの知らずに上昇していた株式が、ふと何かの拍子で下降し始める。夢追い人の投資家は戸惑いながらも理由を模索するだろう。

「いったい何があったのか――」

次ページの2銘柄が一斉に下降へ転じた理由は、信用取引の取り組みに関する「日々公表銘柄指定」といった「注意喚起」によるものである。

日々公表銘柄の指定は、日本取引所グループが取引の過熱（大きく上昇や下落）した銘柄を任意に選んで指定するものであり、対象となった銘柄の「信用取引残高」を毎日公表することで信用取引の自粛を促す処置である。

それに対して、過熱していない通常（対象外）の銘柄については、毎週金曜日時点における残高を火曜日（週一回）に公表している。

要するに、日々公表銘柄の指定は、投機的な株価の形成と

突然、下落した2つの銘柄の謎

なぜ2つの銘柄は下落したのか？

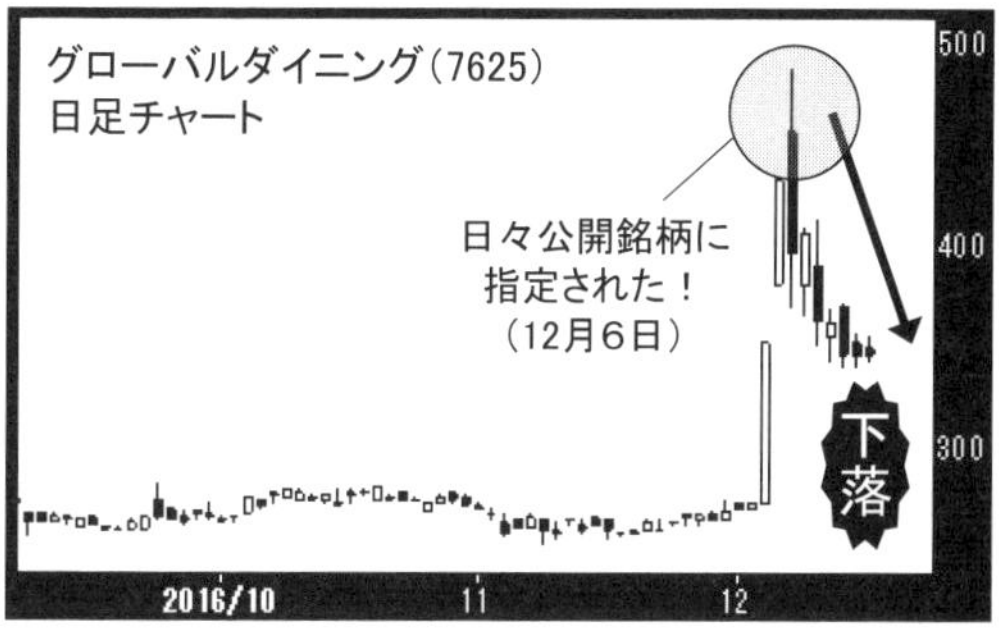

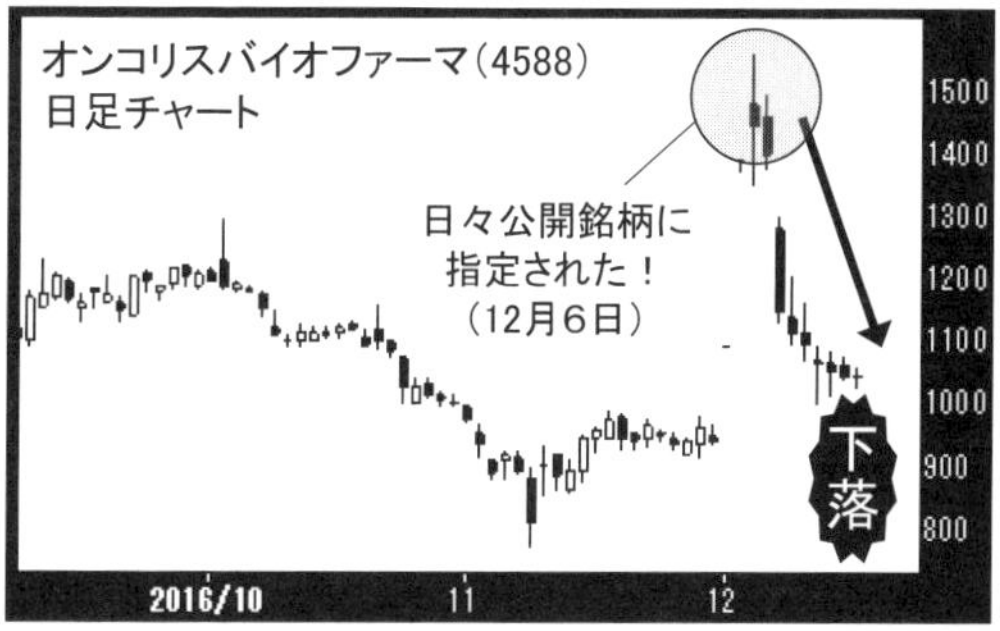

➡ 日々公開銘柄に指定されたことが影響している

日々公表銘柄とは

日本取引所グループは、必要以上の相場の過熱があると判断した場合、信用取引の自粛を促すために「日々公表銘柄の指定」を実施する。

日本取引所グループ HP　http://www.jpx.co.jp
「MENU」－「信用取引に関する日々公表等」にて確認できる。
（営業日夕方頃の更新）

日々公表銘柄に指定されるとどうなる？

「信用取引残高」を毎日（通常は週1回）公表する。
売買の過熱が収まらなければ、増担保規制や委託保証金率の引き上げといった信用取引の規制が実施される。

それに借金を背負ってまで参加する投資家を沈静化するために行う。

それでも信用取引が自粛されなければ増担保規制や委託保証金率の引き上げなど、さらに厳しい「信用取引規制」が実施される。

よって、日々公表銘柄の指定で株価が下降するのが1つのパターンとなる。

しかしここでは規制内容の云々より、信用取引が規制されると、なぜ株価が下降するのか、または売り圧力が高まるのかが焦点である。2つの事象を挙げて解説する。

・大口投資家の撤退

前述したように、日々公表銘柄に指定された銘柄の信用取引残高の公表は、週1回の火曜日から毎日へと変更になる。

毎日、取引が終わった夕方頃（16時）には信用取引の買い枚数と売り枚数が公表される。この処置によって月曜買いの金曜売りで公表を免れていた投資家はその手法が使えなくなるだろう。よって信用取引で買っていた株式の投げ売りが生じる可能性が高まる。

また、証券会社内部の扱いにも変更が生じる。日々公表銘柄の指定や増担保規制がなされると、ブローカーは顧客に信用取引の営業ができなくなってしまう。さらに、大口投資家の一人である証券会社傘下のファンドや、証券ディーラーのプレイヤーには、規制銘柄の取引の禁止または全ポジションの解除が求められる。よって大量の売り物と取引参加者の減少、商いの先細り等が予想される。

・空売りがないと株価は下がる

一般的には信用取引の「空売り」が株価を下げさせると言われている。信用取引の空売りは証券会社から資金３倍分の株券を借りて売り方になるので正しい理屈である。しかし、空売りは売った瞬間に買い方へ身を転ずることを忘れてはならない。実際には空売りによって株価が上昇し通説とは逆になっている。

デイトレード経験者は安易に空売りを入れるとすぐに約定して高値で買い戻す羽目になる

ことを知っているだろう。下値を叩いても逆手に取られたような形で上昇してしまう……。結局、株価上昇に一役買う存在になってしまっている。

それは株式ディーラーが「空売りのような売り物」はすべて買う姿勢で、彼らは常に空売りの買い戻しを誘う「踏み上げ」を狙っているからである。高く買って高く売る株式ディーラーのスタイルは信用取引の空売り（相手方）があってこそ成り立っている。

これらの事象から分かることは、日々公表銘柄の指定→信用取引の規制の過程で取引参加者が大幅に減り、信用取引で買っていた株式の投げ売りが生じること、そして株価上昇を担う空売りの存在がなくなってしまうことである。この2つの事が株価の上昇を抑えて下落をもたらす原因となっている。

信用取引ができなくなると株価が下落する。では、東証マザーズの8割が該当する非貸借銘柄やＩＰＯ（新規公開株）はどうなのだろうか。

証券会社が独自に信用取引のサービスを行っている場合もあるが、規制される前から信用取引ができない銘柄が存在している。これら非貸借銘柄の売買には取引の厚みがなく、チャートを表示させると急騰と急落が交互に起こっていることが分かるだろう。

つまり、上昇過程で信用取引が禁止される銘柄と、元々信用取引ができない非貸借銘柄の対処法は同じであり、「急騰したら急落に警戒せよ」と覚えておこう。

現に、私が証券ディーラーをしていて常に神経をすり減らしていたのが、非貸借銘柄における急落への警戒である。空売りの買い戻しが生じないために、値動きが荒れて想定外の損失を被ることがあった。よって対処法は次のようになる。

①急騰した銘柄が「日々公表銘柄」に指定されたら素直に全ポジションを閉じる。日本取引所グループのＨＰで日々公表銘柄の指定とその指定条件が確認できる

②日々公表銘柄の指定を問わず、非貸借銘柄が急騰した時はその反動の「急落」に警戒する。出来高が減り出したらポジションを調整する

4・投資に生かせるカジノの「ベッティングシステム」

カジノ攻略ではベッティングシステムが重要視されている。ベッティングシステムとは賭け方の戦略のことであり、カジノの歴史上にはプレイヤーが生み出した数限りない窮余の策が残されている。

その中で最も単純なシステムは、常に同じ単位をベットし続けることだが、そこにもプレイヤーの資金管理と防衛の術を垣間見ることができる。そして有利な状況では大きく、不利な状況では小さく賭けるような、ラウンドごとの期待値を利用したものは仕事や私達の日常生活でも広く応用されている。

投資の世界にも「マネーマネジメント」という言葉がある。これはカジノのベッティングシステムと同意であるはずなのだが、ドルコスト平均法（株式の定期購入）と、その対策における分散投資や新たな金融商品を加えたリスクヘッジを推奨するなど、証券会社側の営業話に終始し、定義が広くなりすぎた欠点がある。証券口座開設者へ口座資金を分析するツールが提供されることもない。

一方、カジノのペッティングシステムはプレイヤー側が思案した賭け方の極意であり、勝率3割、4割の負け戦を、勝ちに逆転させるほどの力がある。

カジノ手法から株式投資へのアプローチは新しい試みのように感じるが、同じ勝負ごとである投資の世界で必須の科目だと私は思っている。また、これまで株式の値動きだけに翻弄されていた投資家の目線を下げさせ、大切な資金の配分に気付いてもらう狙いがある。では、いくつかのカジノ手法を参考にして賭け方の戦略（自己資金の使い方）を研究してみよう。

・10％法

10％法とは、その名の通り賭ける金額を常に資金の10％にする方法である。よって1回のトレードで資金の10％が増減することになる。株式投資でこれを利用するには、1回のトレードで許容する負け金額（リスク）を決定し、リスク・リワードを1対1（ペイアウト倍率を2倍）に設定する。

例えば、50万円の手持ちがあり、NTT（9432）株を4983円で100株購入した場合、500円上の5483円に利食い「指値」と、500円下の4483円に損切り「逆指値」の発注を同時にしておく。こうすることで、あとは約定するまで自分の手法の結果（5万

リスク・リワード　1：1の設定
（ペイアウト倍率2倍）

**50万円以内で買える株式を選択し
損金と利益の割合を1対1にする**

【口座資金 50 万円の場合】
負け金額：リスク　　50 万円 ×10％＝5万円
勝ち金額：リワード　50 万円 ×10％＝5万円

円プラスかマイナスか）を待つだけである。勝利した場合は55万になった手持ちの10％＝5万5000円が次に賭ける金額となる。

この手法のメリットは、次ページの図の例を見ると明らかになるだろう。10％法の賭け金は口座残高に連動して増減するため、連続して勝利すると大きく利益を伸ばすことができる。そして負けた時には賭け金が下がるため、口座残高の減少は抑えられている。

しかしながらイーブンに弱いデメリットがあり、3勝3敗であるにも関わらず定額で賭けた場合と比べて残高が目減りしている。

10％法の連勝と連敗の強みを利用するならば、カジノプレイヤーより株式トレーダーの方が有利だろう。なぜなら株式にはトレンドがあり、トレンドに乗ることで連勝となり、運気に任せた時に連敗が訪れるからである。

そして、1回の損失額が口座資金の10％では少しリスクが高い気がするので、5％法や3％

10%法の強みと弱み

強み①＝連勝で大きく利益を伸ばせる！

トレード	賭け金	勝敗	口座残高	賭け金定額5万円の場合
1回目	50,000円	勝ち	550,000円	550,000円
2回目	55,000円	勝ち	605,000円	600,000円
3回目	60,500円	勝ち	665,500円	650,000円
4回目	66,550円	勝ち	732,050円	700,000円
5回目	73,205円	勝ち	805,255円	750,000円

利益が5万円以上大きい

強み②＝連敗で損失を抑えることができる！

トレード	賭け金	勝敗	口座残高	賭け金定額5万円の場合
1回目	50,000円	負け	450,000円	450,000円
2回目	45,000円	負け	405,000円	400,000円
3回目	40,500円	負け	364,500円	350,000円
4回目	36,450円	負け	328,050円	300,000円
5回目	32,805円	負け	295,245円	250,000円

損失が約4万5000円抑えられている

弱み＝イーブンに弱い

トレード	賭け金	勝敗	口座残高
1回目	50,000円	勝ち	550,000円
2回目	55,000円	勝ち	605,000円
3回目	60,500円	勝ち	665,500円
4回目	66,550円	負け	598,950円
5回目	59,895円	負け	539,055円
6回目	53,905円	負け	485,150円

3勝3敗なのにマイナスになっている

※開始時の残高50万円
※賭け金は口座残高の10%

法などにアレンジしてみると良いだろう。

・モンテカルロ法

モンテカルロ法は、モナコ公国の最大の都市「モンテカルロ」に存在したカジノを一夜にして破綻させた迷信があるほど名高いベッティングシステムである。このシステムの特徴は、賭けで生じた負け金額を複数回に分けて解消し、トータル（1セット）で勝ち越しを目指すものである。

賭け方の手順は少し複雑なのでメモを取りながら進めるとよいだろう。

まず白紙のノートに数列［1、2、3］を記入し、その両端の1と3を足した4単位が最初の賭け金となる。4単位をベットして「負けた」場合の数列は［1、2、3、4］で次の賭け金は両端の1と4を足した5単位に増える。もし次も負けた場合は［1、2、3、4、5］となり、賭け金は1+5の6単位になる。つまり、「負けた」場合はその単位を数列の最後に付け足すのである。

次に、勝った場合の手順を見てみよう。

2連敗した後の数列は［1、2、3、4、5］となり、次の賭け金は1+5の6単位となる。

モンテカルロ法の賭け方

負けたら数列に賭け金を足し、勝ったら数列の両端を消す

トレード	数列	賭け金	勝敗	総計損益
1回目	1・2・3	1＋3＝4	負け	－4
2回目	1・2・3・4	1＋4＝5	負け	－9
3回目	1・2・3・4・5	1＋5＝6	勝ち	－3
4回目	2・3・4	1＋3＝4	勝ち	＋3

1回目で勝ったら1セット終了
また同じ数列123の4単位から

勝ったら両端を消す
1・2・3・4・5

両端を消して数列が0か1つになったら1セット終了
2・3・4

次にこの6単位で「勝った」場合、数列［1、2、3、4、5］の両端1と5の数字を消し、次の賭け金は2＋4で6単位の指示となる。勝ったら両端の数字を消すところがポイントである。

モンテカルロ法の賭け方は、数列の両端を足した数字でBETし、負けたらBETした賭け金を数列の最後に付け加えることで少しずつ賭け金（リスクとリワード）が増えていく。

そして勝利したら数列の両端を消すことで賭け金を減らし、すぐさま守りに入る攻守に優れたシステムである。

それが列の数字が0か1つになるまで続き、1セット終了したらまた数列［1、2、3］から始める。

しかしながら、徐々に賭け金が増えるシステムのため、1セットの終了が長引く長期戦に突入すると泥沼

長期戦シミュレーション表

トレード	数列	賭け金	勝敗	総計損益
1回目	1・2・3	1＋3＝4	負け	－4
2回目	1・2・3・4	1＋4＝5	負け	－9
3回目	1・2・3・4・5	1＋5＝6	勝ち	－3
4回目	2・3・4	2＋4＝6	負け	－9
5回目	2・3・4・6	2＋6＝8	勝ち	－1
6回目	3・4	3＋4＝7	負け	－8
7回目	3・4・7	3＋7＝10	負け	－18
8回目	3・4・7・10	3＋10＝13	勝ち	－5
9回目	4・7	4＋7＝11	負け	－16
10回目	4・7・11	4＋11＝15	勝ち	－1

↓ 賭け金が膨らむ

4勝6敗でも負けが抑えられている

~~4~~・7・~~11~~
数字が1つになったので1セット終了

化する懸念がある。

上図の長期戦シミュレーション表に目をやると、1回目から10回目（1セット終了）までの間で、賭け金が4単位から15単位にまで増えている。

株式投資でモンテカルロ法を利用するには、投資手法を1つに絞り、ある株式における1回のトレード損失（賭け金）と利益を同額に設定する（133ページ、10％法を参照）。

そして、前述した「徐々に賭け金が増える」ことに注意が必要である。

例えば、賭け金4単位を「×1000」の4000円でスタートした場合、勝率4割の負け戦を挽回するには最悪5倍前後（2万円程度）まで賭け金が膨らむ恐れがあり、長期戦では左ページの図のような「株式の数」を増やしたトレードが求められる。

株式取引における「モンテカルロ法」シミュレーション

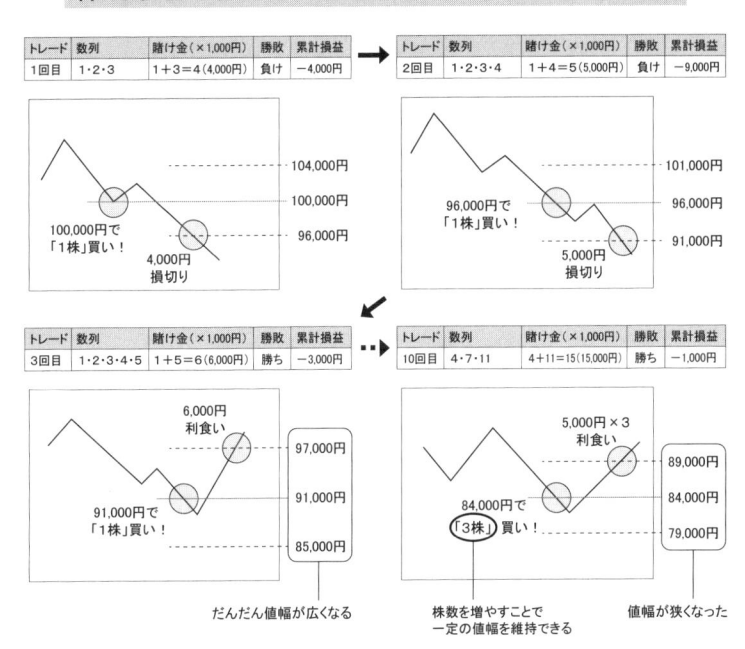

トレード	数列	賭け金（×1,000円）	勝敗	累計損益
1回目	1・2・3	1＋3＝4（4,000円）	負け	－4,000円

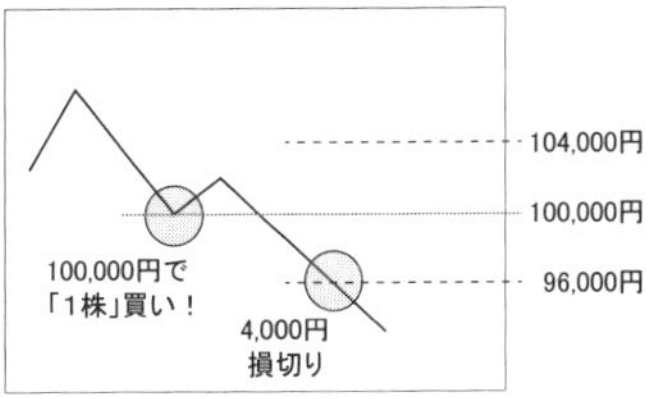

トレード	数列	賭け金（×1,000円）	勝敗	累計損益
2回目	1・2・3・4	1＋4＝5（5,000円）	負け	－9,000円

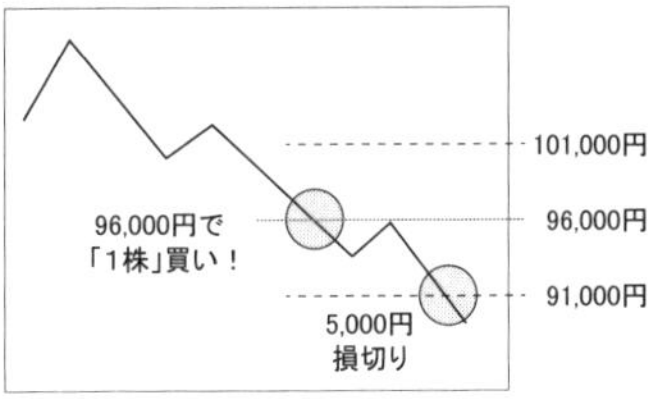

トレード	数列	賭け金（×1,000円）	勝敗	累計損益
3回目	1・2・3・4・5	1＋5＝6（6,000円）	勝ち	－3,000円

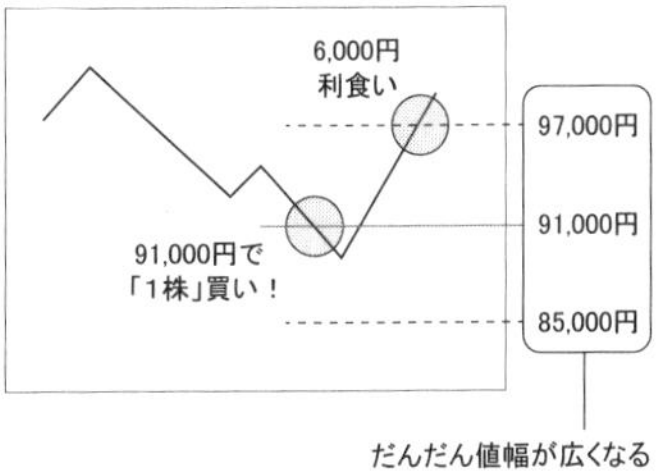

トレード	数列	賭け金（×1,000円）	勝敗	累計損益
10回目	4・7・11	4＋11＝15（15,000円）	勝ち	－1,000円

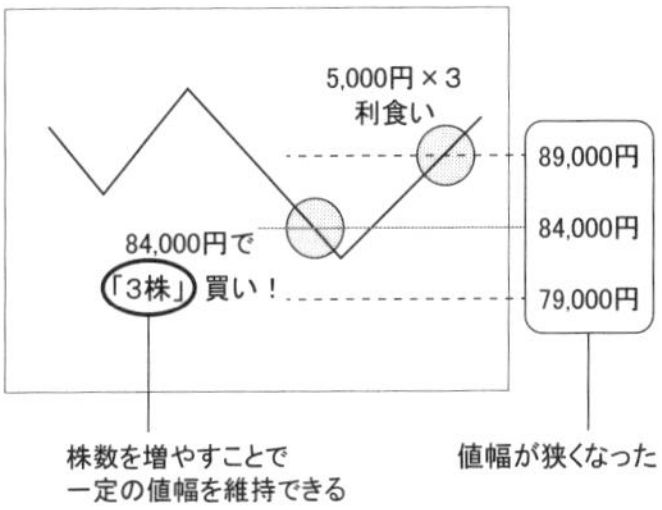

株数を増やすことは、口座資金にそれなりの余裕が必要だが、リスクも伴って増えるわけではなく値幅を狭める効果を期待するものである。

上図の10回目では賭け金が１万５０００円になっており、この賭けを１株で実施すると１万５０００円の値幅が訪れるまでやや時間がかかるだろう。

そこで１株→３株に増やすと５０００円の値幅になるので勝敗のテンポが改善される。

・マーチンゲール法（倍賭け法）

マーチンゲール法は、負ける度に賭け金を倍にし、どんなに負け続けても一発で負けを取り返す古典的な手法である。

しかしながら、負け続けると賭け金が膨らみ損失を確定しようにもそれが許されない状況、つまり壮絶な終わり（破綻）に追い込まれる者が後を絶たず、「悪魔に魂を売る」手法とも言われている。

左ページの表を見ると明らかなように、1ドルで始まった賭けが9連敗で損失511ドルとなり、次の10回目の賭け金は512ドルにまで膨らんでいる。

どこかで1回でも勝てばプラスになる必勝法であることに違いはないが、連敗するほど非現実的な賭けになり、相当な資金力が必要になってくることが分かる。とりあえず、現実的なマーチンは5回目か6回目が限度であることを認識しておこう。

では、株式投資でマーチンゲール法を効果的に使う方法を考えてみる。

株式投資では1回戦ごとに区切った勝負をせず、一定の値幅（トラップ幅）で買い下がって「平均取得単価」を下げる方法に変更する。

例えば、株価100円と80円で1株ずつ買うと平均取得単価は90円になる。要するに90円で2株買ったのと同じである。そして、この2株を100円で決済できれば20円の利益となる。決済できずに下落が続けば一定の値幅で買い下がる。次に株価60円で2株、40円で4株と買い下がる。

次ページの図を見てみよう。40円まで下落した株式がようやく反発して60円に戻った時、手持ちの全株式を決算して20円の利益を確定している。これを「買い下がりマーチン」と呼ぶことにする。

マーチンゲールシミュレーション表

負ければ倍賭けを続けていく

トレード	賭け金(ドル)	勝敗	累計損益
1回目	1	負け	−1
2回目	2	負け	−3
3回目	4	負け	−7
4回目	8	負け	−15
5回目	16	負け	−31
6回目	32	負け	−63
7回目	64	負け	−127
8回目	128	負け	−255
9回目	256	負け	−511
10回目	512	勝ち	＋1

どこかで1勝すれば勝ちが確定

連敗すると損失が膨れ上がる

買い下がりマーチンは、一定の値幅（図の例では20円）で「1株、1株、2株、4株、8株、16株……」と倍賭けで

買い下がりマーチンの手法

どこかで20円戻れば利益になる

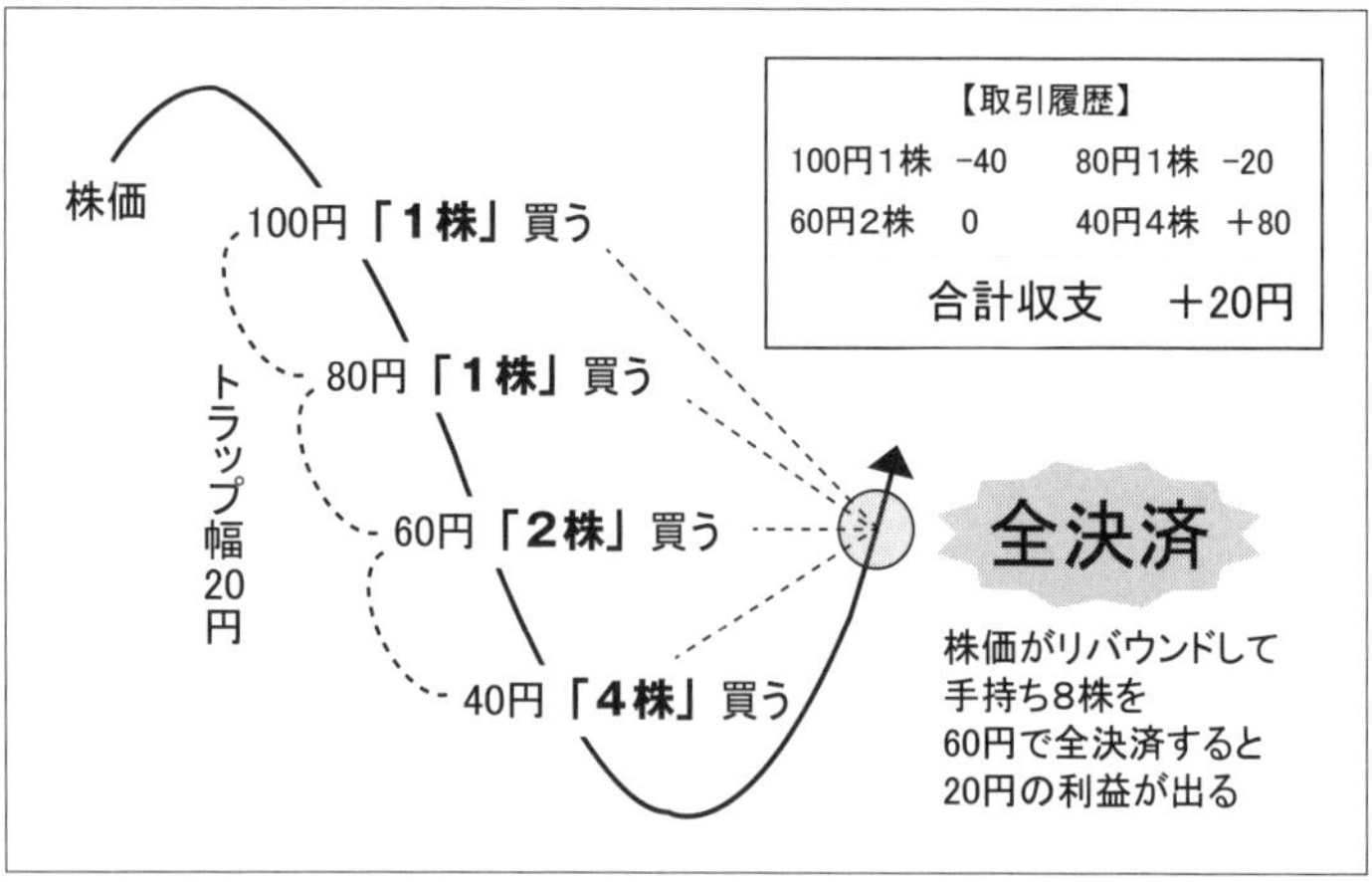

買い下がり、一定の値幅分のリバウンドで全決済して利益を得る方法である。

この手法のポイントは一定の値幅の決め方にあり、前述した現実的なマーチン回数、5回6回程度を目安とした買い下がりに設定することが大切である。

例えば、一定の値幅設定を20円→10円に変更した場合、100円と90円で1株、80円2株、70円で4株、60円8株、50円16株、40円32株と10円下がる度に買い下がる。

しかし、見ての通り値幅20円と比べて急激に株数が増えてしまう。手持ちの株数が増えればさらに下落した際の含み損も増大する。言うならば、前もって値幅設定を正しく行うことで破綻しない最強手法になる。

これまで株式トレーダーにとってのマーチンゲール法とは、ついさっきの負けを倍掛けで取り返すといった自暴自棄の中で見ていたものであり、計画性がなかったことで破綻していたのである。マーチンゲール法は10手20手先まで計算できる機械的な手法で、もし１００１円の株式を値幅２００円で買い下がり、６回目の１円で16株買うことまで計画するのならば、その会社が倒産しない限り、永続的な勝ちが約束されている。

計画的にマーチンゲール法を利用すれば悪魔に魂を売らずに済むことだろう。

第4章

プロが厳選！テクニカル分析法

1・増殖するテクニカル分析の信者たち

投資とトレード、また投資家とトレーダーという言葉を本書で分け隔てなく使っているように見えるが、実は微妙にニュアンスが異なっている。

「投資」という言葉はファンダメンタル分析を基本とした企業へのお金の貸付（元本保証なし）の要素が強く、それには好きな会社の株式を買って小さなオーナーとなり、その会社の決算書の開示を楽しみにしているような純粋な投資家（安定投資家）が該当するだろう。

一方、「トレード」とは短期間の投資、つまり金融商品の値動きの法則に着目した技術的要素が強い言葉である。トレードに勤しむトレーダーはテクニカル分析を駆使して未来の値動きを予想しようとする。そこにファンダメンタル分析はなきにしもあらずだが、このような携わり方（投資分析）の違いにより、マーケット参加者を「投資家」「トレーダー」の2種に分類することができる。

そして近年におけるマーケットの特徴として、テクニカル分析を信仰するトレーダーが異常増殖していることが挙げられる。

ファンダメンタル分析とは

株式の本質的価値（ファンダメンタル・バリュー）を決定するのは、企業の財務状況や業績状況であり、ＰＥＲ（株価収益率）、ＰＢＲ（株価純資産倍率）、ＲＯＥ（株主資本利益率）などが代表的な指標として使われる（野村證券「証券用語集」より）

テクニカル分析とは

移動平均線、株価チャートなど、株価データの「型」（＝パターン）を基礎に、相場の先行きを予測する手法。「株価は株価に聞け」という相場格言にもあるように、投資家心理が株価形成に反映され、こうして決定された市場価格はすべての情報を織込んでいるという考え方に基づいている（野村證券「証券用語集」より）

・ファンダメンタル分析の特徴と欠点とは？

テクニカル分析を説明する前に、ファンダメンタル分析について少し触れておきたい。なぜなら株式投資の基本だからである。昨今、ファンダメンタル分析という言葉は前述した証券用語集の解説よりもっと幅広い意味で使われており、世界情勢と経済ニュース、為替動向や金利など業績に影響を与えるであろう多彩な指標を用いて分析する方法となっている。

本書で紹介した手法にもファンダメンタル分析の域を出ないものが散発している。この部分において「日本経済新聞を読もう！」といったセリフと同じような、ファンダメンタル分析は知識のベースであり、基礎的要件と言えるだろう。

しかしながら、投資家がファンダメンタル分析に期待するものはあくまで買い時と売り時の示唆であり、テクニカル分析と同列に「どっちが有効なのか?」と比べられることが多く、どちらの投資尺度を頼りにすべきか悩んでいる投資家もいるだろう。

ファンダメンタル分析の基本は「会社の状況」から割安か割高か（買い時か売り時か）を導く手段であり、その会社の状況には先に説明したような多くの外部要因が関わるようになってきている。しかし、基本は変わらず会社と株価であり、ファンダメンタル分析の一般的な効力は、ＰＥＲ（株価収益率）、ＰＢＲ（株価純資産倍率）、ＲＯＥ（株主資本利益率）といった代表的指標の活用から判断されている。

銘柄選別の目安はＰＥＲ20倍以下、ＰＢＲ1倍以下が割安で「買い」とされている。さらにＲＯＥ10％以上、配当利回り３％以上と欲を出すと限りがないだろう。

ファンダメンタル分析の基本

〇〇証券のホームページで……

クリック！

4901　銘柄検索

↓

富士フィルムホールディングス　株価4385円

・投資指標（投資尺度）

PER	17.6倍	PBR	1.0倍
ROE	5.7%	配当利回り	1.6%
1株配当	70円	単元株数	100

※2017/01/26

会社利益と株価の関係

PER（株価収益率）＝株価÷1株当たりの純利益

PER20倍以下が割安株　買い！

会社資産と株価の関係

PBR（株価純資産倍率）＝株価÷1株当たりの純資産

PBR1倍以下が割安株　買い！

株式の金利・利回り

ROE（株主資本利益率）＝1株当たりの純利益÷1株当たりの純資産×100
あるいはROE＝PBR÷PER×100

過去の平均でROE10%以上ほしい！

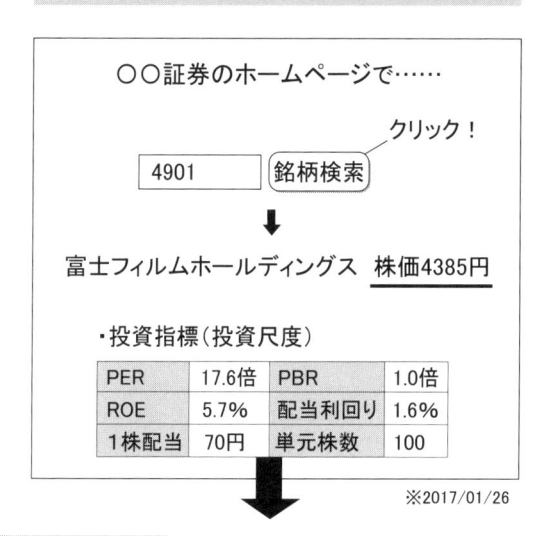

ファンダメンタル分析には欠点があり、それは割安の条件に合わせてスクリーニングをすると、パフォーマンスの悪い銘柄ばかりがリストアップされることである。その割安が見直されるには相応の時間が必要であり、現時点でどれほどの年月を要するのかが分からない。少なくとも今日の投資で利益が出ることは無さそうである。投資家はファンダメンタル分析の精度に懐疑的となるだろう。

・なぜ、トレーダーはテクニカル分析に頼るのか？

ファンダメンタル分析に必要な情報のほとんどが日本経済新聞と四季報（会社情報誌）に書いてある。要するに、この２つを購読して投資家は上がる銘柄を探している。

しかし、新聞の記事に準じて動く株式の時代はとうの昔に終わっている。証券営業の仕事に水を差すようで申し訳ないが、朝刊のニュース材料を元に顧客へ株式を勧めたところで手遅れなのである。四季報にかぎっては株価ではなく業績予想に徹している。アナリストの念入りに調査したレポートを投資家が購入しても同じことが言えるだろう。即効性がなく、理論株価と現在の株価は常に乖離している。計算通りにいかない現実がある。

ある会社の株式が大きく上昇した時、投資家の期待の裏側で手持ちの株式を売却しているのが誰あろうその会社の経営者であり、株式が下落して誰よりも将来の会社の行方が不安なのも経営者なのである。アナリストや投資家など周りの人間がいくら情報を収集し予想しても上手くいかない理由である。

では、ファンダメンタル分析で好業績の会社（銘柄）を探し出し、割安・割高の判定ができたのならば、その後どうすればいいのだろうか。

「いつ・買うか」について、この領域がトレードなのである。証券会社の窓口で買うような一般的な投資家は、担当の営業マンを通して証券会社のトレーダーに発注を依頼していることになる。いつ、どうやって（少しでも安く）買うか、社員トレーダーの腕の見せ所である。

証券会社の株式調査部の仕事は、投資先候補の会社を調べ上げること。そして社内のファンドマネージャーへ投資に値するか否かのレポートを提出している。このように、投資先を調べる調査部と発注業務を担うトレーダーの役割、つまりファンダメンタル分析とテクニカル分析はうまく協力し合う構図が一般的である。

しかし、近年における投資スタイルの変化で目に付くものは、株式を売買するにあたり銘柄選択もテクニカル分析で一本化するトレーダー（法人・個人問わず）が増えていることである。私見であるがそれはプログラム売買（自動取引）全盛時代へ突入する表れだろう。

トレーダーの中には今日買った株式の会社について「何をしている会社なのか」という一切の情報を持っていないことが多く、株主総会で息巻く年配の投資家へ不思議なまなざしを向けている。投資家の機械化である。

例えば、1万円の損失で株式を決済する時、テクニカル分析の信仰者はその損をした理由を探る必要がないのである。一方、ファンダメンタル分析の信仰者である投資家は、原因を会社側に求めるだろう。

トレーダーがテクニカル分析に頼る理由には、相場に感情を持ち込ませないことがあり、そうすることで投資先の会社のホームページで声高々にアピールする社長を信じて損切りを遅らせるといった失敗も防げるのではないか、ということである。大手証券会社の自己売買プログラム（自動取引）もテクニカル分析のみで取引し、相場にニュースや会社情報、そして感情の一切を持ち込まない主体の1つである。

テクニカル分析で銘柄を選ぶなら、ファンダメンタル分析でやったような割安・割高銘柄をどうやって求めるのだろうか。

答えを先に述べると、テクニカル分析の信者に割安・割高という概念は存在せず、それは売られ過ぎ・買われ過ぎといった値動きの一端に置き換わる。株価の水準にこだわらず、売り方と買い方の需給の反転するタイミングを株価チャートから予測している。

テクニカル分析の特徴は、他のプレイヤーを考慮していることである。投資行動のパターン化、出来高、売買代金、ボラティリティなどテクニカル分析の指標に、数字に弱い私のようなトレーダーは尻込みするが、実はこれらすべて、他のプレイヤーの出方を見ているだけなのである。感覚的なもので対処できる。

そしてもう1つの特徴がファンダメンタル分析になかった即効性であり、これもトレーダーがテクニカル分析に頼る理由に挙がるだろう。トレーダーは好みのインディケーター（テクニカル分析手法の種類）の1つ以上を組み合わせ、デイトレーダーは5分足チャート、長期トレーダーなら日足チャートなど自由な時間軸で表示させてリアルタイムに売買の指示を受けることができる。

約30年前まで、ファンダメンタル分析が主軸でテクニカル分析などまやかしとされる時代であったが、パソコンの発達でインディケーターが画面上でリアルタイムに視覚化され出すと、テクニカル分析の優位性が台頭するようになった。そして近代の共存時代に至り、これからはテクニカル分析一本化に傾きつつある。

しかしながら、上場企業の価値（企業努力）が株価に反映されなくなったわけではなく、投資家とトレーダーの視点が会社から銘柄という名の値動きに移っただけなのである。

私たちは自動車を運転するが車体の内部構造に興味を抱く人は少なくなり、安全に移動できるだけで良いと思う人が増えているようである。それと同様に、株式投資においても業績が右肩上がりの話題性のある銘柄に買いが集まる現象は当たり前のことで、その漠然としたファンダメンタル分析の内部構造を解明する人は減りつつあり、それよりも、安全に走り利益を得るテクニカル分析を使った運転方法を学ぶトレーダーが増えているのだろう。

2・チャートテクニカルと移動平均線

テクニカル分析の基本はチャートを観測することから始まる。

本書では、「折れ線チャート（バーチャート）」と「ローソク足チャート」の2種類のチャートを使って株価の「位置」と「推移」を示しながら解説してきた。

位置とは株価の高低水準であり、推移とは上昇や下降の値動きの継続的な動向（トレンド）のことで、これまでも「動き」に着目してきたことに違いないが、この他にチャートを観測することで分かる株価の状態がもう1つ存在し、それが位置と推移に動きのない「もち合い」（レンジ）のパターンである。

もち合いの状態とは、ネーミングの通り上にも下にも動かない様子のことで先に挙げたチャートの種類に関係なく、誰にでも簡単に探すことができる。

もち合っている最中の株式は、値動きが限定されてどこを買っても儲かりそうもないが、一定の値幅を行き来するレンジ相場なので、安値圏で買って高値圏で売るサイクル・イン手法（83ページ参照）でやり過ごすしかないだろう。

もち合い上放れ手法（レンジブレイク）

レンジ相場が終わり上方向に放れるポイントで買って利益を得る

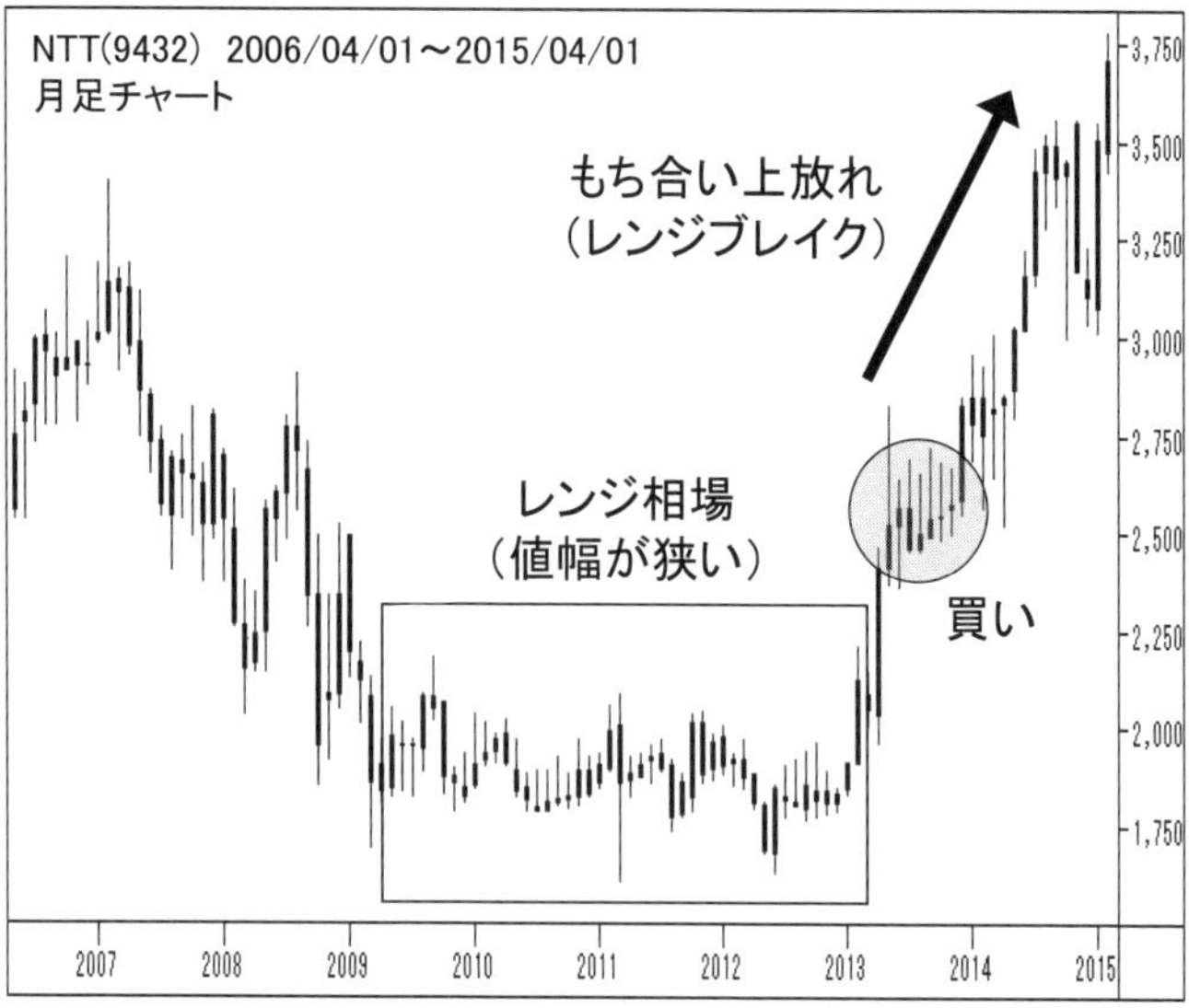

しかし、トレード経験者ならこの動かないレンジの様子が「嵐の前の静けさ」であることを知っているかもしれない。

いつしかレンジ相場が終わり、上方向へ大きく放れるポイントで買って、その後の上昇気流に乗って利益を頂戴する——

数あるテクニカル分析の中で最も威力のある「もち合い上放れ」「レンジブレイク」とも呼ばれている手法である。

しかし、投資仲間との間で「今日、もち合い上放れで儲かったよ」という話をあまり耳にしないのではないだろうか。それは、ここで紹介するもち合い上放れを狙った手法が、テクニカル分析の多種多様な要素が含まれた総体的な手法だからである。

つまり以前の章で解説した高値ブレイクや本書で紹介していないテクニカル分析を一手に引き受けてしまうような手法のため、投資仲間は自分が何のテクニカル手法で利益を得たのか区別がつかなくなっているのだろう。

もち合い上放れ手法のポイントは「値幅（レンジの広さ）」と「もち合いの長さ」にあり、これを定義して買うポイントを絞らないと精度が上がらず、前述したような他のテクニカル分析と混合して何からもたらされた結果なのか迷ってしまう。

では、定義するにあたり次ページの図を見てみよう。

もち合いの状態の銘柄をチャート上でピックアップする際に大切なことは、「判定○」の条件である「レンジ幅が狭い」と「もち合い期間が長い」に当てはまっているか確認することである。

長期トレードを例にすると、目安は20％以下のレンジ幅で2年以上のもみ合いを続けていることで、このように視覚的に上がりそうな銘柄を探せるのがテクニカル分析の楽しいとこ

どのような銘柄を選ぶといいのか？

もち合い上放れ手法のポイントは「長さ」と「値幅」
もち合い期間が長く、レンジ幅が狭いことが条件

目安（長期トレードの例）

・期間は2年以上
・レンジ幅20％以下

$$\text{レンジ} = \left(1 - \frac{\text{安値}}{\text{高値}} \times 100\right)$$

判定○

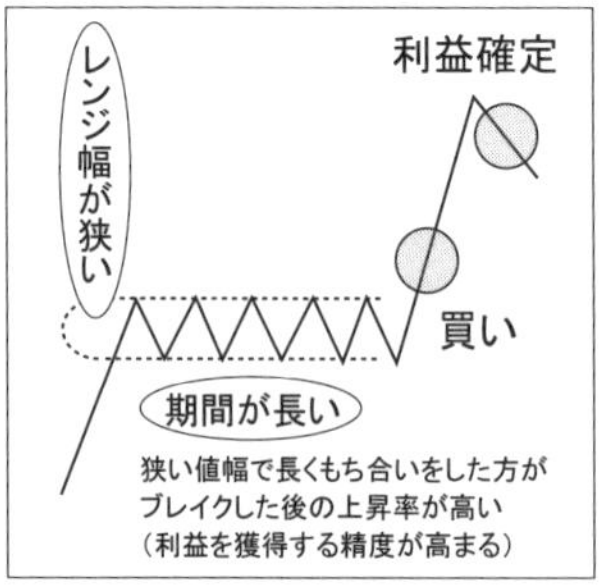

利益確定
レンジ幅が狭い
買い
期間が長い
狭い値幅で長くもち合いをした方が
ブレイクした後の上昇率が高い
（利益を獲得する精度が高まる）

判定△（※短期トレーダー向け）

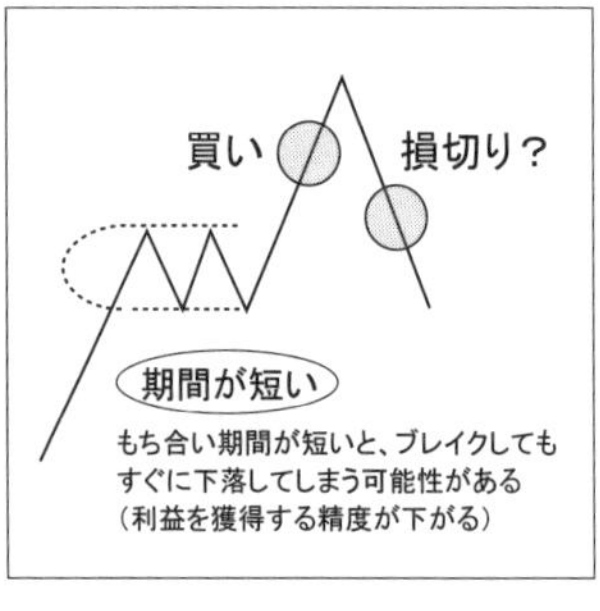

買い
損切り？
期間が短い
もち合い期間が短いと、ブレイクしても
すぐに下落してしまう可能性がある
（利益を獲得する精度が下がる）

判定×

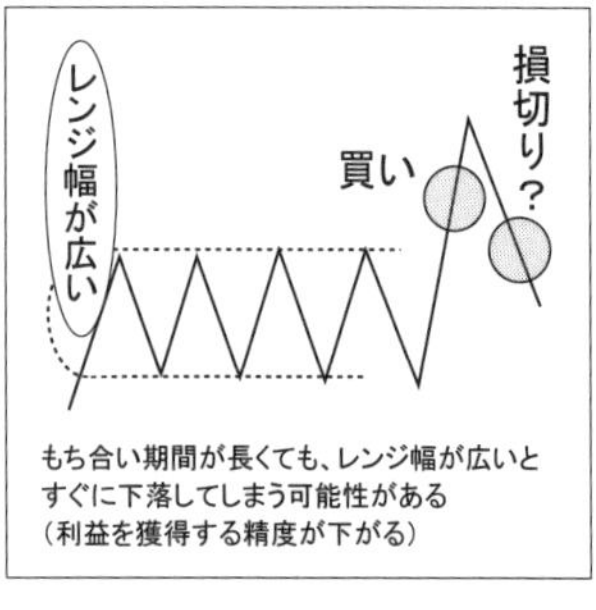

レンジ幅が広い
買い
損切り？
もち合い期間が長くても、レンジ幅が広いと
すぐに下落してしまう可能性がある
（利益を獲得する精度が下がる）

ろだろう。

狭いレンジ幅でもち合いを長く続けるほどエネルギーが蓄積されていく。そのエネルギーは一方行へ抜け出た時の大きな原動力となる。よって「判定△」のもち合い期間が短い場合、エネルギー不足で伸び悩む傾向が出てくるだろう。

「判定×」についてはこう説明ができる。レンジの幅が広いということは、売り方と買い方のポジションの整理がレンジの中でついてしまっている。新興銘柄に多く見られる状態であり、通常の値動きとして注目すべきポイントはないだろう。

・下ヒゲより2番底に注目する

逆張り派が一般のトレーダーの大多数であることをよく耳にするだろう。逆張り派は株価のトレンドに逆らう恰好で安値を拾い、急騰時には天井（上ヒゲ）を見計らって空売り注文を入れる。

一方、前述したようにプロトレーダーはトレンドに沿って取引をする順張り派が大多数であり、一般のトレーダーと正反対のものがメイン手法となっている。

しかしながら、プロトレーダーは安く売られている株式を目にして知らぬふりを気取るわ

一般トレーダーに多い逆張り手法

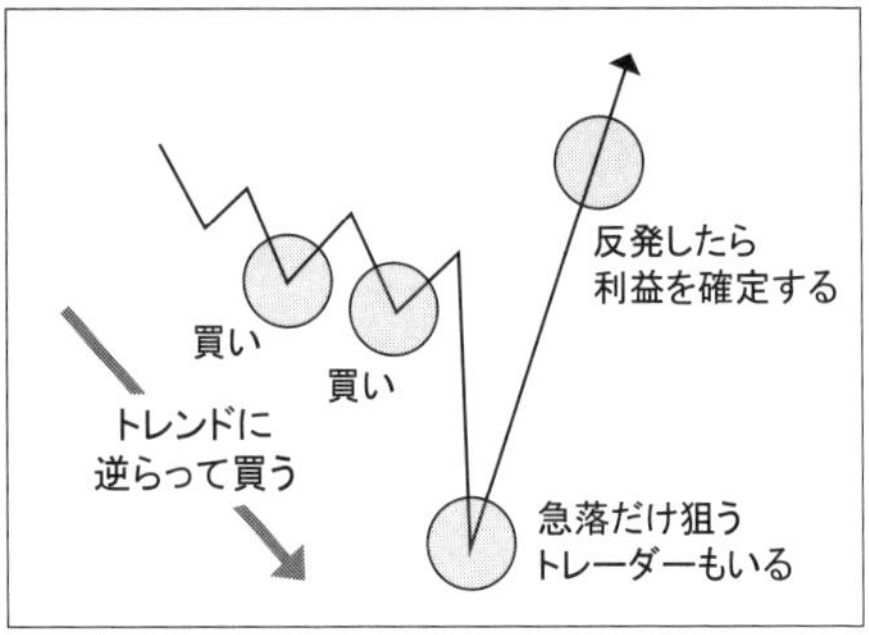
買い
買い
トレンドに
逆らって買う
反発したら
利益を確定する
急落だけ狙う
トレーダーもいる

プロトレーダーが行う順張り手法

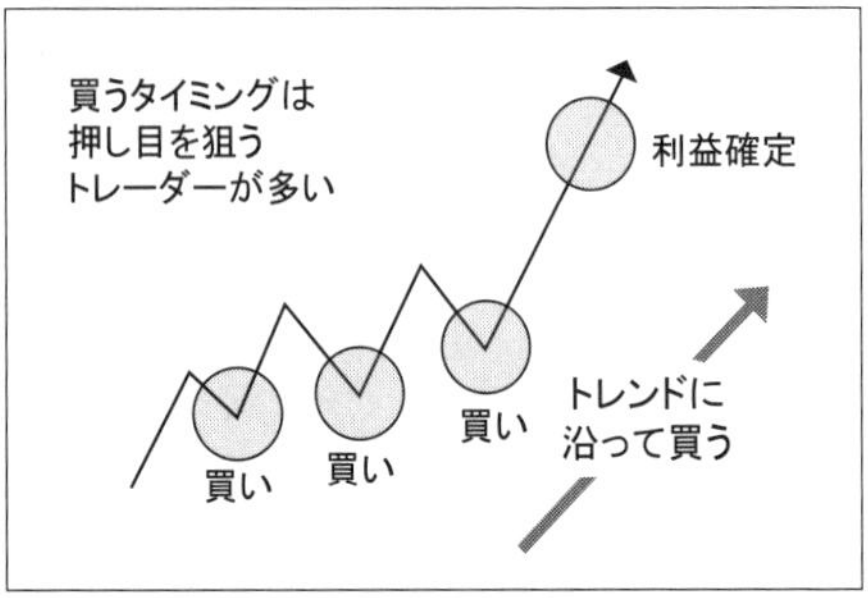
買うタイミングは
押し目を狙う
トレーダーが多い
利益確定
買い
買い
買い
トレンドに
沿って買う

けではなく、条件が揃えば積極的に買い注文を入れる姿も私は知っている。

要するに、プロトレーダーも正確には逆張り（のようなもの）を行っているのだ。一般とプロの逆張り手法の違いについて、チャートテクニカルを使って見てみよう。

・一般的な逆張り手法とは？

実際の取引で「ここは逆張りでいこうか――」と考えるのは、左ページの図のような急騰（急落）に出くわした時である。

プロトレーダーは2番底で買う

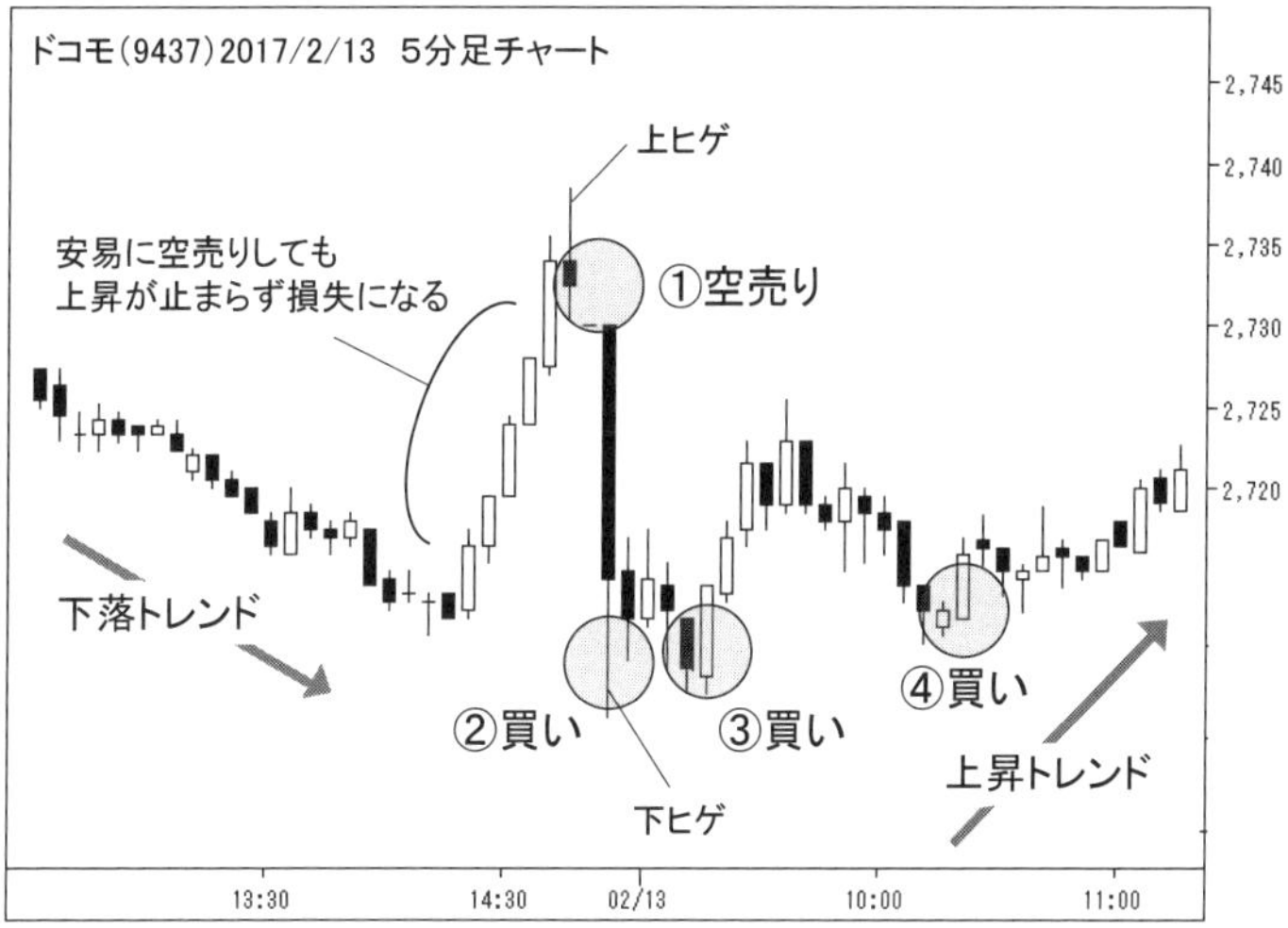

➡ プロは株価だけではなく売買後のトレンド変化を見ている

この5分の束の間（5分足チャート）の乱高下にトレーダーはどう対処しているのか。

下降トレンドの中でダラダラと下がり続けていたNTTドコモ（9437）が突然に急騰して「上ヒゲ」と陰線のローソク足を形成している。この場面で異変に気が付いたトレーダーは「上がり過ぎだ！」と判断するだろう。

そのトレーダーは①で空売り（下落で利益になる取引）を仕掛ける。見事に的中し、次に急落が始まった。

この大陰線を目撃したトレーダーは「下がり過ぎだ！」と考える。息を呑み、タイミングを見計らって「下ヒゲ」を形成した②で買い仕掛けをする。

一般的な逆張り手法は、実例のような超短期や長期にかかわらず、トレンドに逆らって「〜過ぎ」の決断をする。そこでのポイントはローソク足に表れる上ヒゲや下ヒゲであり、勢いが反転する目安にできる。

プロトレーダーの1人である株式ディーラー等、法人形態の投資家が使用する取引システムは高速な執行が可能なため、こういった乱降下のヒゲによる逆張り手法で荒稼ぎをするトレーダーも少なからず在籍している。

・プロトレーダーの逆張りとは？

プロトレーダーの逆張りの特徴は、トレンドの変化を捉えることである。実例で言うと③④の位置で安値を拾うことが多く、チャートテクニカルで「2番底」または「ダブルボトム」と言われている箇所である。

この箇所のポイントは、直近の安値に接近したが「割らずに反転」していることで、下降トレンドが上昇トレンド（右肩上がり）へ変化する兆しを見せている。

よって、プロトレーダーの逆張り手法の視点は急落（急騰）したその後にあり、下げ止まった株式がどう変化するのかというところにある。実例では、③の位置で下げ止まり、④の位置でトレンドの反転を確信している。

そしてもう1つ、急落（急騰）した株価が反転しても、また同じ値に2回、3回と押し戻されるといったアノマリーをもって相場を見ている。

つまり株価が「同じレートを試しにくる」ことで、図のように下ヒゲをつけてリバウンドした株価が2番底を作るためにまた下落するだろうといった予測のことである。この予測のないトレーダーが一般的な逆張りで買った②のポジションを長く保持すると、2番底で更なる下落の警戒感から損切りになる例が散発される。

このようなことから、順張り派が大多数というプロトレーダーは、単にトレンドに反した株式を見送っているわけではなく、逆張りの中でも順張り意識を持ってトレードをしているのである。

・移動平均線のパターン取引

テクニカル分析と聞いて「移動平均線」（MA「Moving Average」）を思い浮かべるトレーダーは多いだろう。ネットで株価チャートを検索すると、デフォルトで移動平均線が引かれてい

主に利用されている移動平均線（MA）

5MA：直近1週間（営業日数5日）の平均株価曲線
20MA：直近1ヵ月間（営業日数20日）の平均株価曲線
75MA：直近3ヵ月間（営業日数75日）の平均株価曲線
200MA：直近1年間（営業日数200日）の平均株価曲線

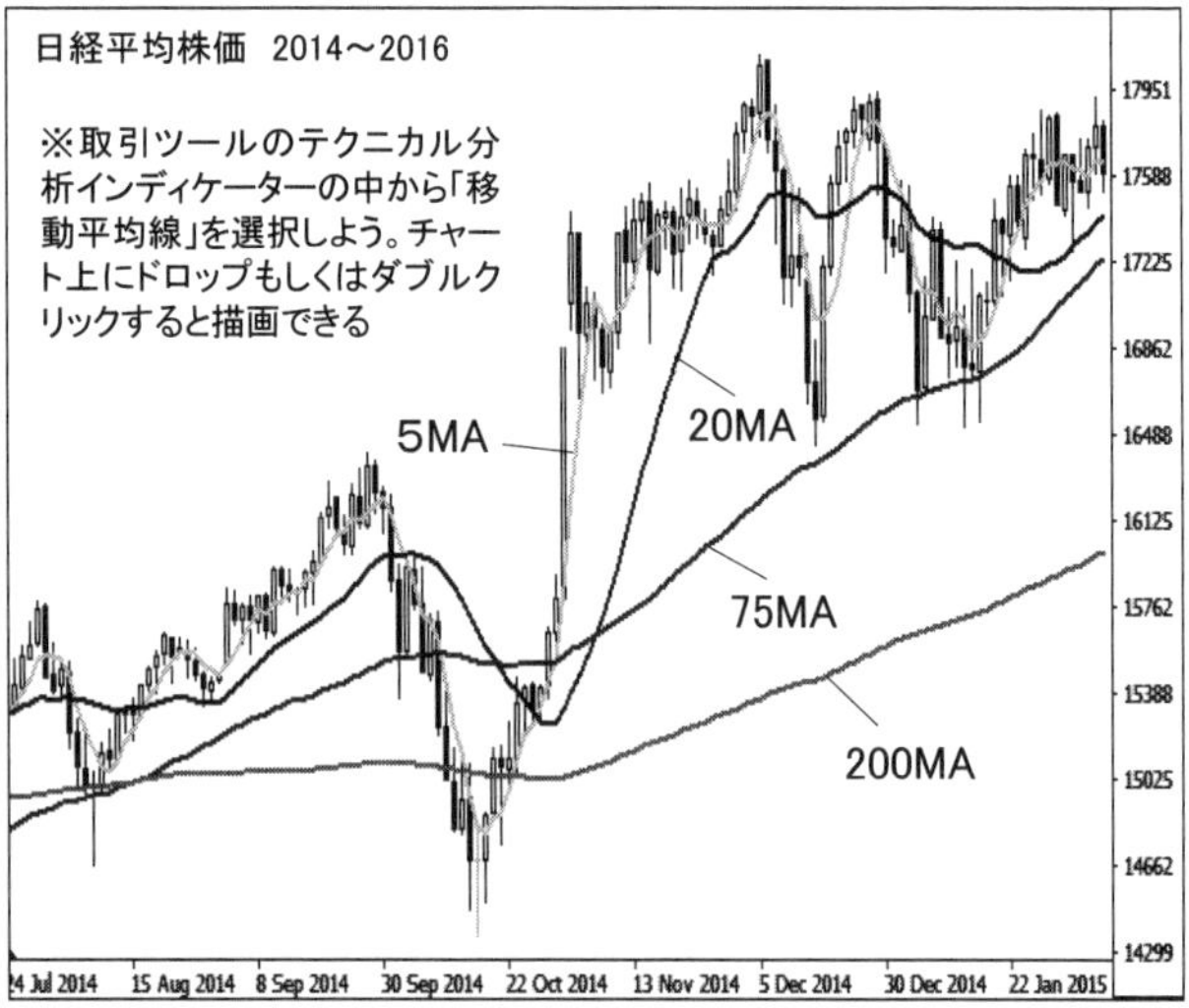

るほど一般的になっている。

移動平均線とは、株価の一定期間（過去）の平均終値を線で結んだもので、期間が5日の移動平均線なら過去一週間、期間が20日の移動平均線なら過去1ヶ月間（営業日ベース）の株価の平均線となる。

主に利用されるのは、5日・20日・75日・200日の4つの移動平均線であることを覚えておこう。

株価が移動平均線より上の位置にあると、株式を保有する半数以上のトレーダーに利益が出ているのかな……、また移動平均線の傾きが右肩上がりだと、上昇トレンドのようだ……、といった大まかな期間における相場の流れが判断できる。

このような過去の株価の平均値をグラフに投影し、現在の株価との兼ね合いから未来の株価を予測しようとするのが移動平均線を用いたテクニカル分析である。兼ね合いとは「移動平均線の傾き」「株価と移動平均線の距離」の状態のことで、トレーダーはその状態の変化をパターン化してトレードに役立てることができる。

・移動平均線の「買い！」パターンは2つある

①移動平均線のクロス取引（ゴールデンクロス・デッドクロス）

パターンの1つ目である移動平均線（以後MAと記す）のクロス取引をするには「短期」と「長期」の2本のMAをチャート上に表示させる。次ページの図の例①では短期に5日、長期に20日のMAを選択した。

下から上へ短期の5MAが長期の20MAを貫いたらゴールデンクロスで「買い！」、上から下へ5MAが20MAを下回ったら「売り！」のデッドクロスである。MAの傾きを利用したこの取引は、現在の株価がどういう状態だろうと気にせず2本の移動平均線が交差したポイントで株式を売買する手法である。

小さなトレンドに乗って取引する

例①　5MAと20MAのゴールデンクロス＆デッドクロス

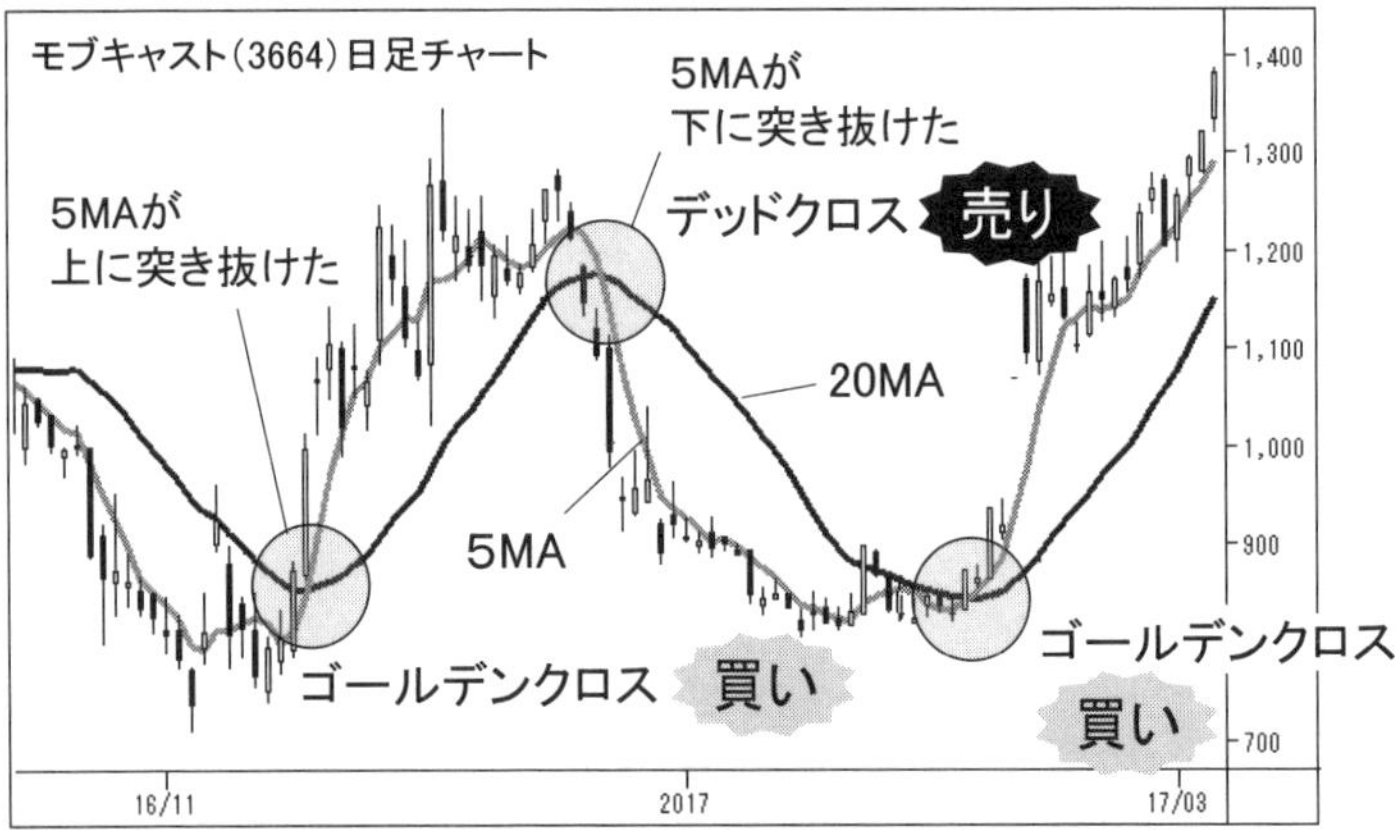

大きなトレンドに乗って取引する

例②　75MAと200MAのゴールデンクロス

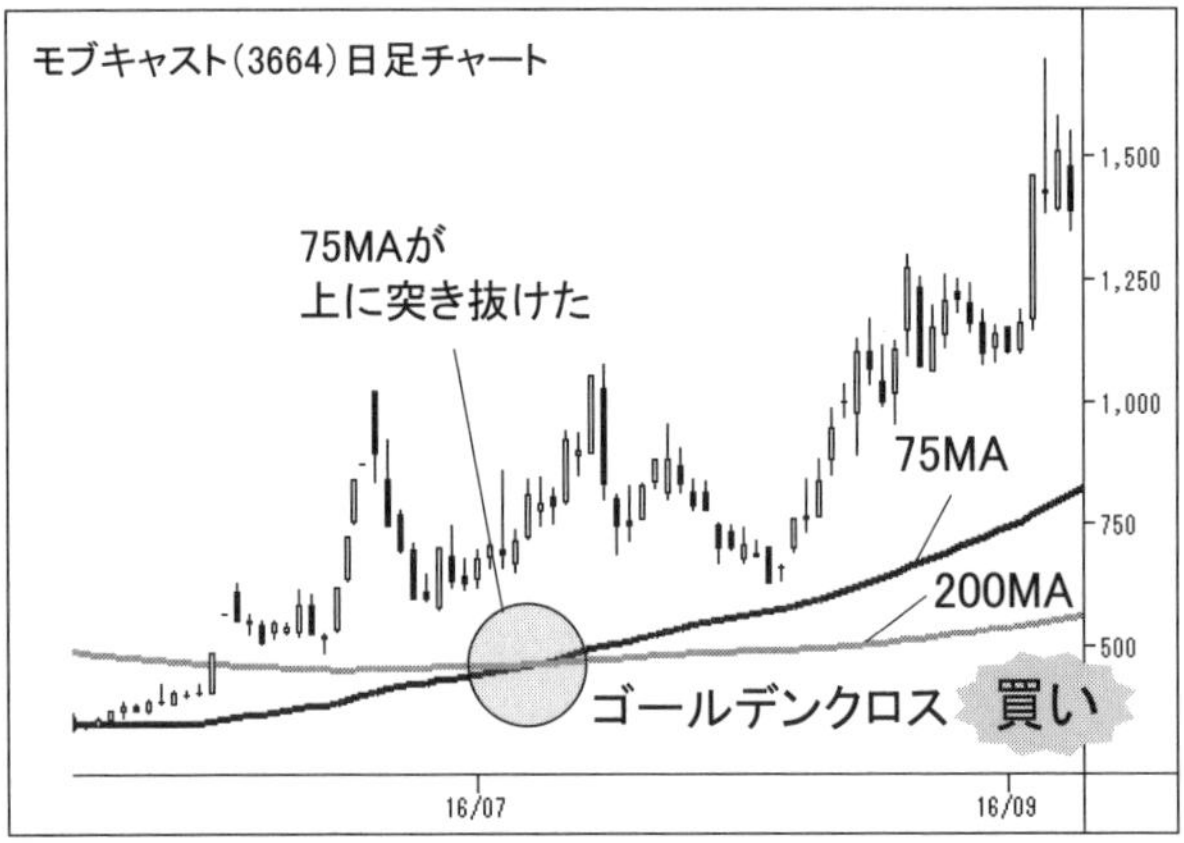

株価が移動平均線（MA）とぶつかった「押し目」で買う

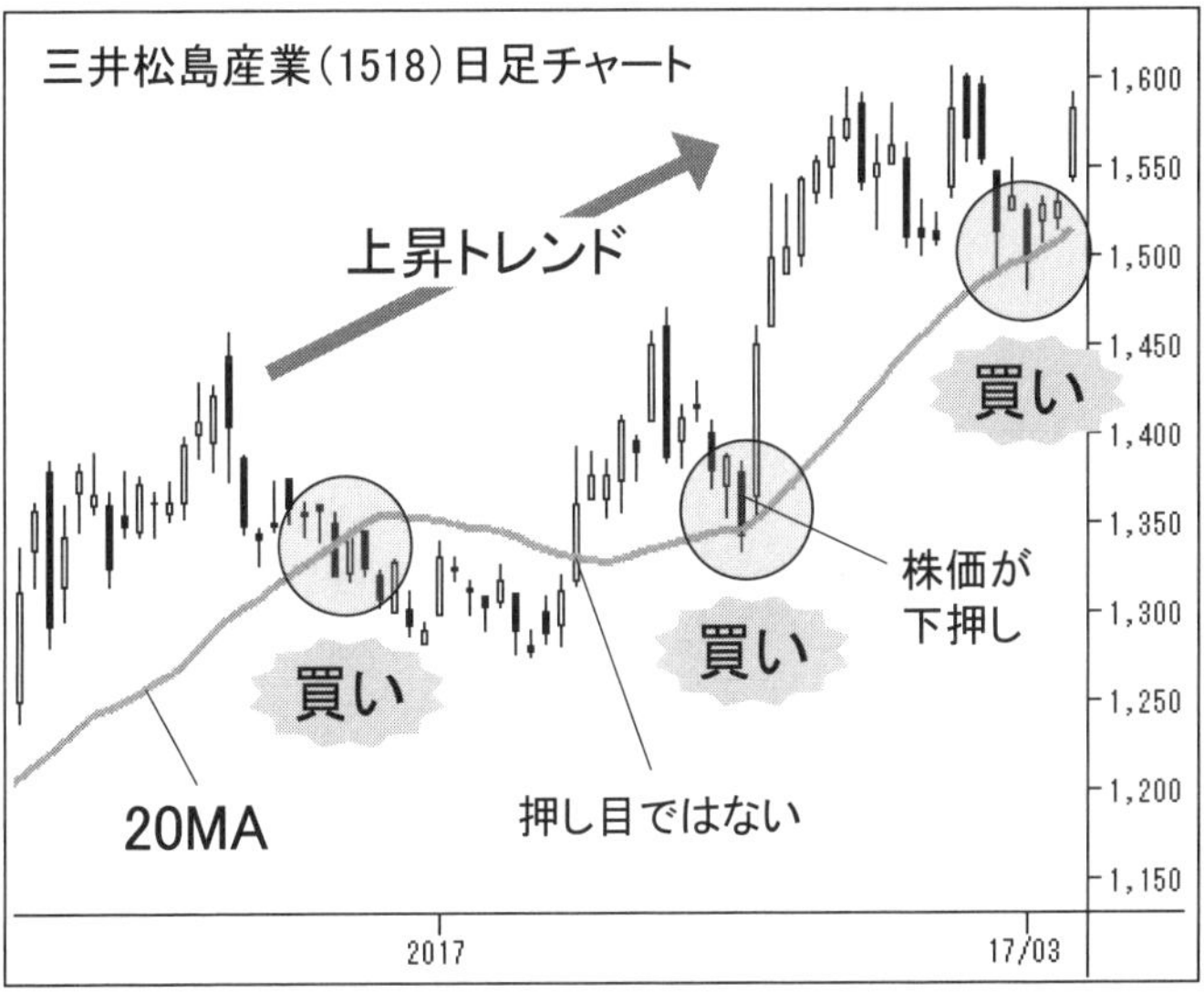

例②は、75日と200日を使用した時間軸の長い組み合わせのゴールデンクロスであり、より大きな相場の流れでクロス取引をする長期投資家向けの設定である。

②株価と移動平均線の接点

パターンの2つ目は、株価がMAとぶつかった時である。

上図では20MAが株式のトレンドに沿って上昇曲線を描画しているのが確認できる。

この20MAの曲線と株価がぶつかった点で「買い！」となり、この手法の特徴は視覚的にも明らかで、トレンドに乗って「押し目」で買う取引である。

・プロトレーダーはどう使っているのか？

20MAは20日、つまり営業日ベースで約1ヶ月間の平均株価の曲線であることは前に説明した通りで、MAの期間が短いと株価と連動したような動きをする。

よって、実際の取引で株価は20MAを頻繁に下回ってしまう。株価の下支え（サポート）としての機能は5MAより20MAや75MAなど、期間の長いMAの方がその役割を果たす確率が高いことを覚えておこう。

プロトレーダーが最も注目しているのが200MAである。

期間約1年の平均線である200MAは、急騰・急落の抵抗線としての機能と大きなトレンドの把握に使用されている。

買った株式が急騰してどこまで上昇するのか、どこで利食いすべきかについての目安にできる。

株価が200MAに差し掛かったら利食いである。または空売りを仕掛けてうまく下落した場合に、株価を買い戻すポイントとしても200MAを目安にできるだろう。200MA

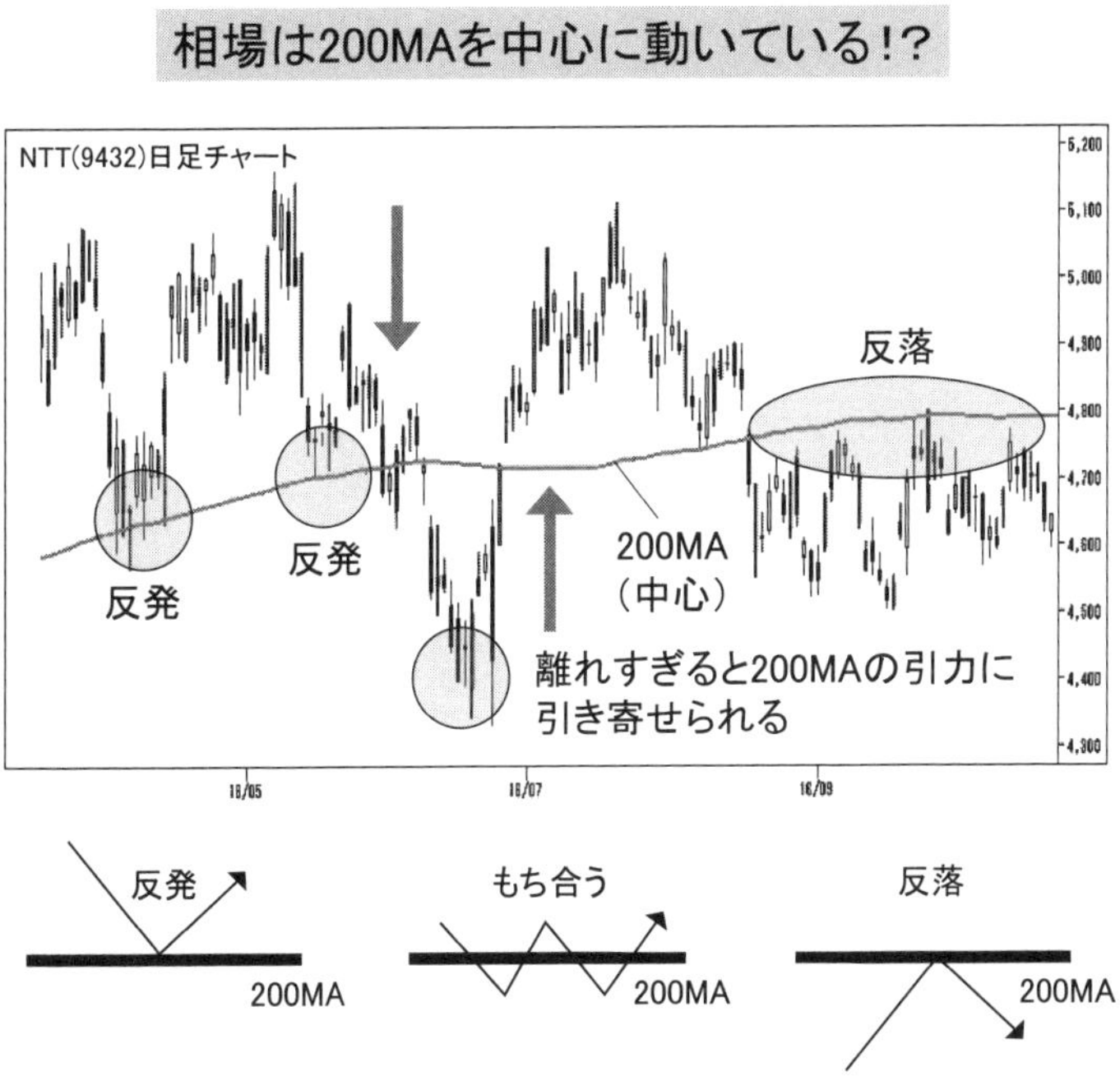

で一旦下げ止まり、ここから次の展開「反発」「もち合い」「反落（続落）」のどれかを予測する。

プロトレーダーの頭の中で相場は200MAを中心に動いていると言っても過言ではないだろう。

・神秘をもたらす移動平均線のカスタマイズ

テクニカル分析は自己流にアレンジした設定が可能である。

移動平均線（以後MAと記す）は、何日さかのぼって株価を平均するのかという「期間」の変更が可能で、ノーマル設定である営業日ベース（5日・20日など）の期間設定から他の適当な数字に置き換えて曲線を描画することができる。

ここでは、自然界の法則とされるフィボナッチ数列[※1]を期間に代入して、オリジナルMAによる日経平均株価とMAの接点の性能を検証してみる。日経平均株価とMAの接点とは、前項で解説した株価とMAの曲線がぶつかった点、つまりトレンドの押し目で「買い！」となる取引のことである（165ページ参照）。

※1　フィボナッチ数列とは？
13世紀、イタリアの数学者レオナルド・フィボナッチは〝計算の書（Liver Abaci）〟でアラビア文字を初めてヨーロッパに紹介した偉人である。この書の中には、有名な「ウサギ算」の問題があり、1つがいの親ウサギが子を産み、そのまた子が子を産むことで1年間に144つがいになることが記されている。1、1、2、3、5、8、13、21、34、55、89、144、233……この神秘の数列がフィボナッチ数列である。ヒマワリの花の数（34枚・55枚）やコスモス（8枚）や木の枝分かれの数など、あらゆる生長パターンに現れている。

・移動平均線にフィボナッチ数列を当てはめる

フィボナッチ数列（2、3、5、8、13、21、34、55、89、144、233、377、610……）。

ＭＡの期間に入力する値として株式投資で馴染みのない数字が並んでいるが、ＦＸ（外国為替証拠金取引）等のＭＡ分析では右のフィボナッチ数列がよく利用されている。55、２３３などを入力したＭＡでゴールデンクロスやデッドクロスを描画してみるのも面白いだろう。本書ではスペースの関係上、この数列の中で最も効果の高かった数字である「６１０」を使って検証したい。

では、オリジナルの６１０ＭＡと一般的に使用されている２００ＭＡを比較してみよう。

次ページの図は、序盤から中盤にかけて２００ＭＡがほとんど機能していない例である。見ての通り、株価が２００ＭＡの曲線とぶつかった点で買っても損失を被る可能性が高いだろう。時折このような場面に遭遇するのだが、２００ＭＡを割った株価はいったい何を目安に反発するのかが私の疑問だった。

６１０ＭＡを見てみよう。私の疑問がすぐに解決できる。

２００ＭＡを下回った（上回った）株価は、６１０ＭＡの曲線上に到達した途端、くるりと向きを変えて反転している。

これによって、トレーダーの需給が尽きる転換点（周期パターン）がフィボナッチ数列、すなわち自然の法則や生長パターンの一端に何かしらの形で関わっていることが分かる。

200MAとフィボナッチ整数の610MAを比較してみよう

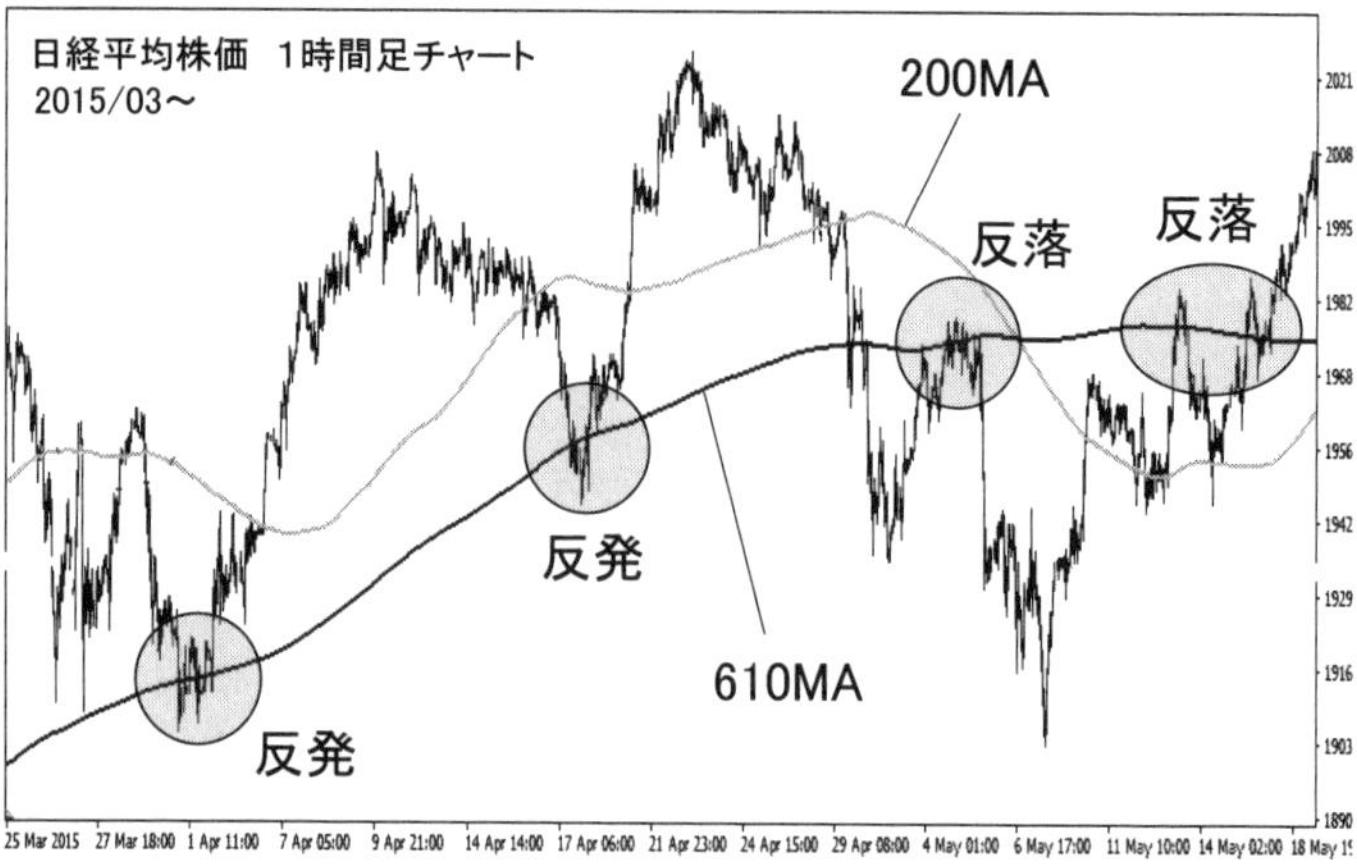

➡ 株価が610MAの曲線上にぶつかって反発・反落している明確なエントリーポイントになっている

なぜなら営業日ベースの200MAと比べてより高い精度でそれを示すからである。

また通常においてMAの値を大きくすると、方向性トレンドが明確になる代償としてエントリーポイントが減ることになる。

しかし、ここでは200→610と期間を大きくしたにも拘らず、株価と曲線の接点でエントリーポイントの減少は見られなかった。よって正確な方向性トレンド上に、精度の高いトレード機会を提供する結果となった。

3・ボラティリティで未来が分かる

ある銘柄Aが注目を浴びて盛り上がっている。何かしらの材料が出たのだろう。株式掲示板の拡散された情報を頼りにチャートを開くと、株価は急上昇し、トレーダーの衰えを知らない断続的な買いが下げる余地など寸分もなくしている。

このどこまでも上げ続けるような状況で、銘柄Aの取引に参加できなかったことを悔やむのがデイトレーダーだ。その日の値幅でしか勝負ができないからである。しかし、明日はどうだろうか。この買いがずっと続くのだろうか――

本項目では、急騰した後の値動きについて、テクニカル分析の1つである「ボラティリティ」を使って解説する。

・ボラティリティと値動きの関係

次ページの図のように、大きく株価が動いている状態を指して「ボラティリティ（ボラ）が高まっている」と表現することがある。

ボラティリティと値動きの関係

ローソク足の動きとボラティリティは連動している

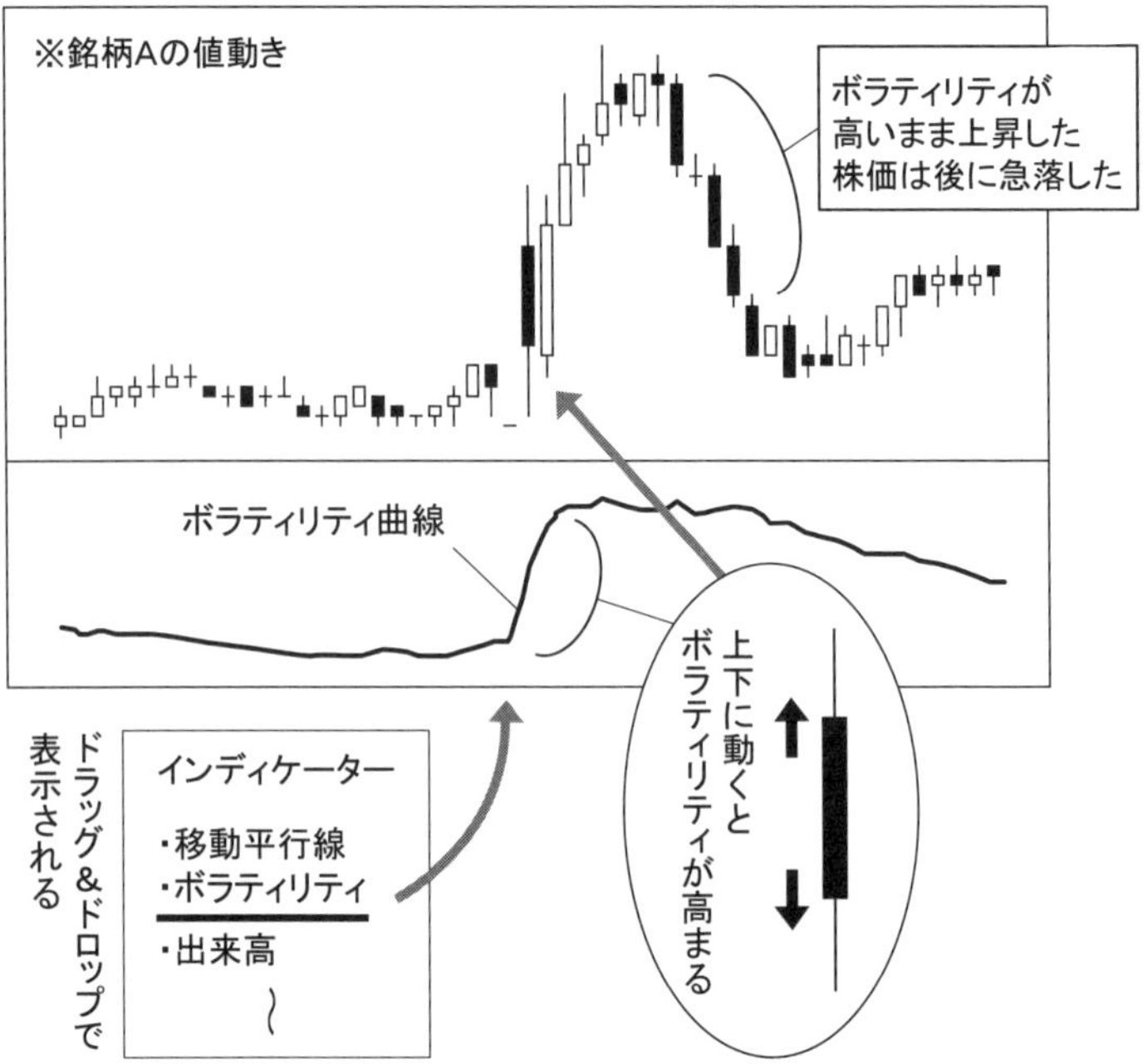
※銘柄Aの値動き
ボラティリティが高いまま上昇した株価は後に急落した
ボラティリティ曲線
上下に動くとボラティリティが高まる
インディケーター
・移動平行線
・ボラティリティ
・出来高
〜
ドラッグ＆ドロップで表示される

値幅が広がった動きをするとボラティリティ値が上がる。

言葉ではよく使われるが、取引ツールのインディケーターにある「ボラティリティ」を実践で使っているトレーダーは少ないのではないだろうか。

移動平均線と同じように、インディケーター一覧からチャート上にドロップすることで簡単に表示させることができる。

ボラティリティの値は、株価が大きく動くほど高くなる。反対に、もち合いに入ると値動きが少なくなるので値は低くなる。

チャート上に設置したボラティリティは、心電図と同じように株式の活動の様子を刻々とグラフの形に記録する。しかし、ローソク足の急上昇を見ただけでもボラティリティが上がっていることが予測できる。

そして、ボラティリティ値が高いまま上昇した株価は、元の位置まで反落するといった見方がある。これに従うと、短期間で上昇した銘柄Aは、失速する可能性が高いことになる。

・プロトレーダーはボラティリティを見ている

大きく上昇した銘柄Aを目の当たりにしたほとんどのトレーダーが「買い！」の判断で乗り遅れまいと反射的に飛びつく。大口や小口のトレーダーがみんな一斉に買っているのだから明日も明後日も上昇し続けると思うのである。

しかし、プロトレーダーの多くはそうなる確率は低いと判断する。先に述べたように短期間で上昇した株価はすぐに失速すると考える。

一般的に「ボラティリティが高い時に買い！」が通例となっているが、実際はやってはいけない行動なのだ。多くのトレーダーが我先にと買い急ぐ中で、ボラティリティ分析における結果は下落を示唆している。要するに、活発になった買いの勢いが沈静すると需給が売りに傾くのである。

株式には、値段の上下とは別のボラティリティの高低といった側面があることを覚えておこう。

・強い銘柄はボラティリティで分かる

前項の「ボラティリティと値動きの関係」から、株価の「上げ方」について次の2つのパターンが見えてくる。

①ボラティリティが高いまま上がったもの
②ボラティリティが低いまま上がったもの

①と②の上昇幅は同じであるが「上げ方」が異なっている。①のパターンは前項で解説し

た通り、ボラティリティが高いまま上昇したパターンであり、買いの勢いが沈静すると同時に失速の懸念がある。もう1つの②は、ジリジリと上昇したパターンでこの値動きを目にしたトレーダーはチャートに力不足を感じるだろう。

しかしながら、その後の値動きについて予測すると両者には決定的な違いがあり、「②は失速しない」ことが分かってくる。遅い値動きには疑心暗鬼を感じるが、ボラティリティ分析による強い銘柄の評価は②に軍配が上がる。

そのことについて、本項では②の「低い」ボラティリティに注目してみよう。

・なぜ、その後の値動きに違いがでるのか？

②のボラティリティが低いまま、ゆっくりと上昇し続ける株価の強さは、売りをこなしながらトレンドを形成していることにある。見方を変えればどんな大きな売り物も吸収し買い方が勝ることで陰線より陽線の数が多く、そのローソク足の長さも陽線の方が大きなものとなっている。上昇の力強さを比べるならば、①よりも②パターンの方が強い動きなのである。これは一般的なトレーダーの認識と真逆なのではないだろうか。

また、ボラティリティには収縮と膨張を繰り返す特性がある。

ボラティリティから値動きを予想する

①ボラティリティが高いまま上がったもの

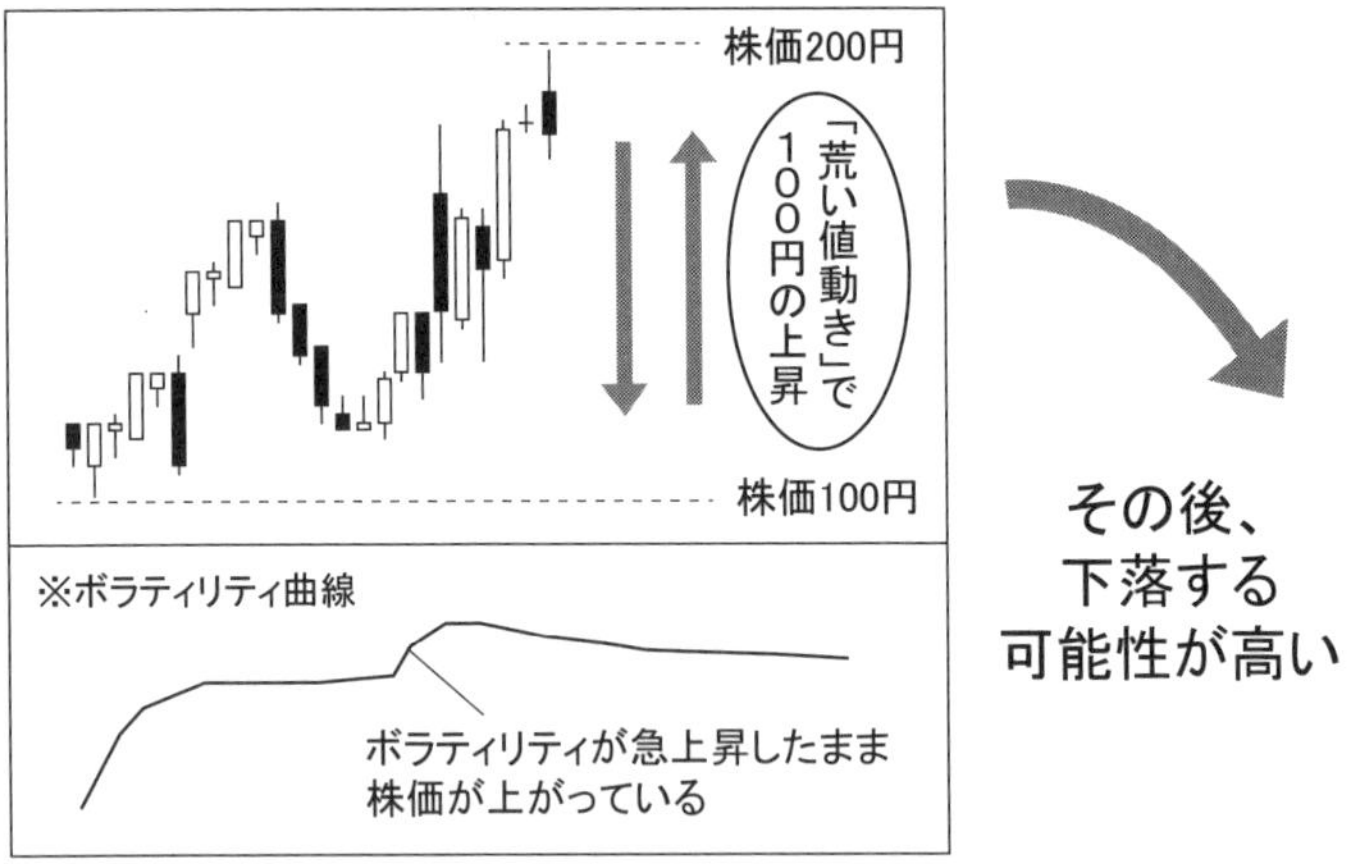

株価200円
「荒い値動き」で100円の上昇
株価100円
※ボラティリティ曲線
ボラティリティが急上昇したまま株価が上がっている
その後、下落する可能性が高い

②ボラティリティが低いまま上がったもの

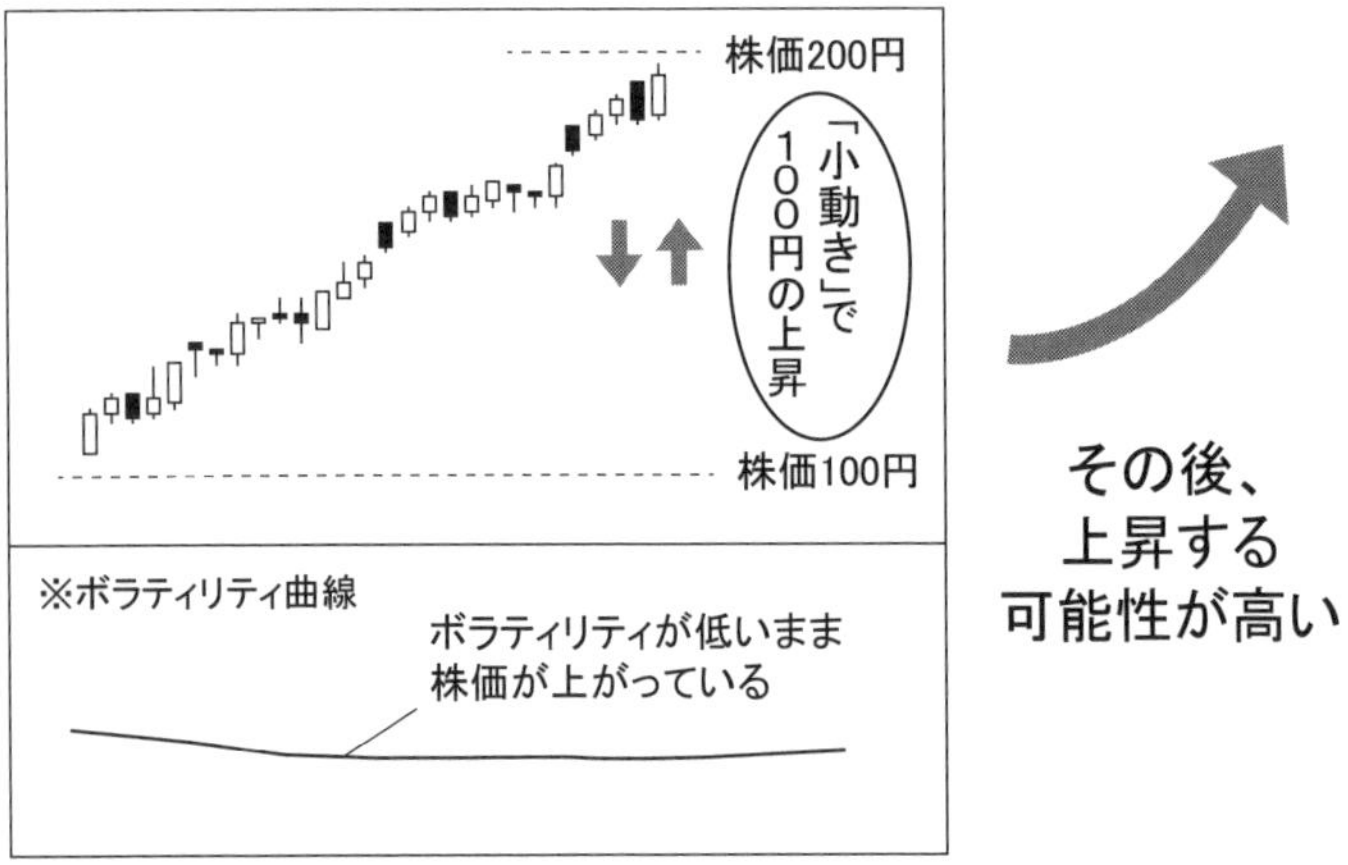

株価200円
「小動き」で100円の上昇
株価100円
※ボラティリティ曲線
ボラティリティが低いまま株価が上がっている
その後、上昇する可能性が高い

この特性を知っておくと、「②の時期に株式を買って①の時期で売る」という手法が成立する。要するに、ボラティリティの低い時に買って、ボラティリティが高くなったら売却するのだ。トレードの部類ではかなり高度な手法になるが、これまでと違った目線で買うことで「事が起こる前」に一手を打つことができる。

ボラティリティは波打っている

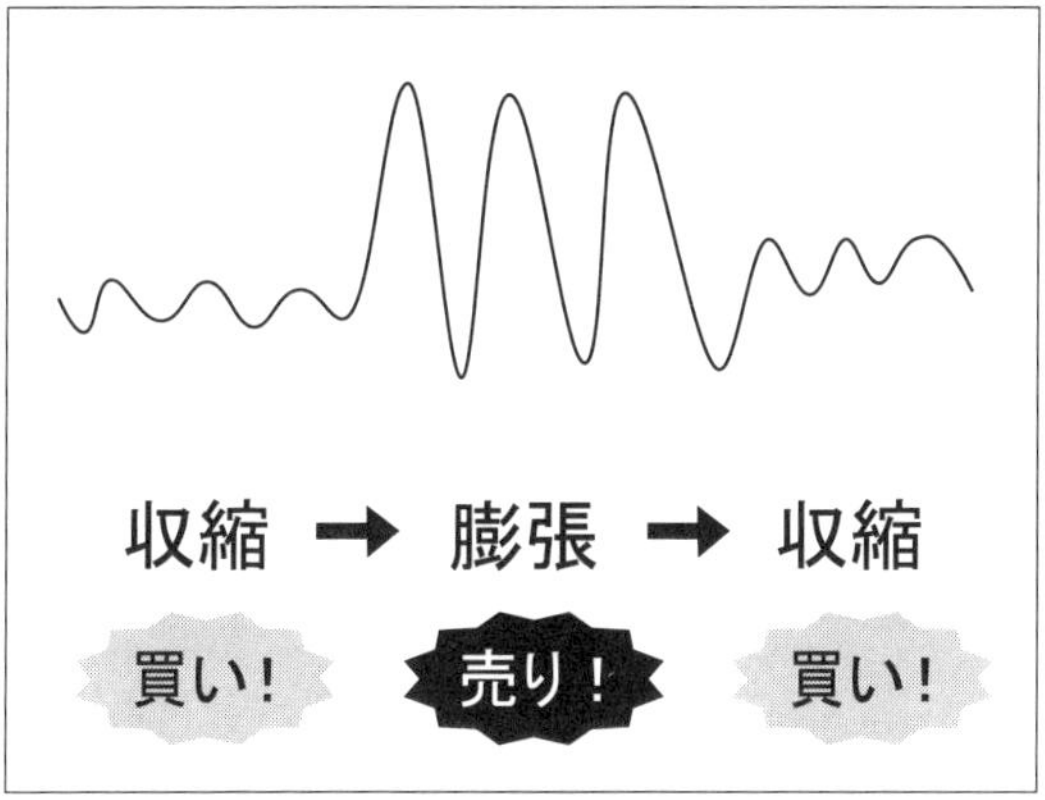

➡ ボラティリティの低い時に買って高くなったら売却する

①のパターンの株価が大きく飛んで短期筋が参入してきた時に、②のパターンの低いボラティリティを活用したトレーダーは、先に買ってある玉をどう売却するかに専念している。非常に有利な立ち位置でトレードができるのである。

・ダイバージェンスで銘柄を選ぶ

ボラティリティの低い銘柄を選ぶことは前までの解説で分かったが、実際の例を挙げながらもう少し詳しく見ていこう。

左ページにピックアップした2銘柄にはどちらも「ボラティリティが上がり続ける時期」と「ボラティリティが下がり続ける時期」があるのが分かるだろう。先程の①と②のパターンである。

テクニカル分析では、ローソク足がコツコツと上昇している時期にボラティリティが下がり続けるような「逆行している様子」について「ダイバージェンス」と呼ぶことがある。ボラティリティの銘柄選びは、図のように単にボラの値が下がっている銘柄を選ぶのではなくダイバージェンスが生じている銘柄を探すことである。

ボラティリティの高い荒れた値動きをする銘柄はデイトレーダー向け、それに対して低く静かな値動きをする銘柄は長期トレーダー向けとされているが、デイトレードであっても5分足等の普段使っているチャートでボラティリティの低い位置（ダイバージェンスの発生）で買う練習を積めば、後の大きな上昇に乗ることができる。

ダイバージェンスで銘柄を選ぶ

ローソク足が上昇している時にボラティリティが下がっているダイバージェンスは買い場になる

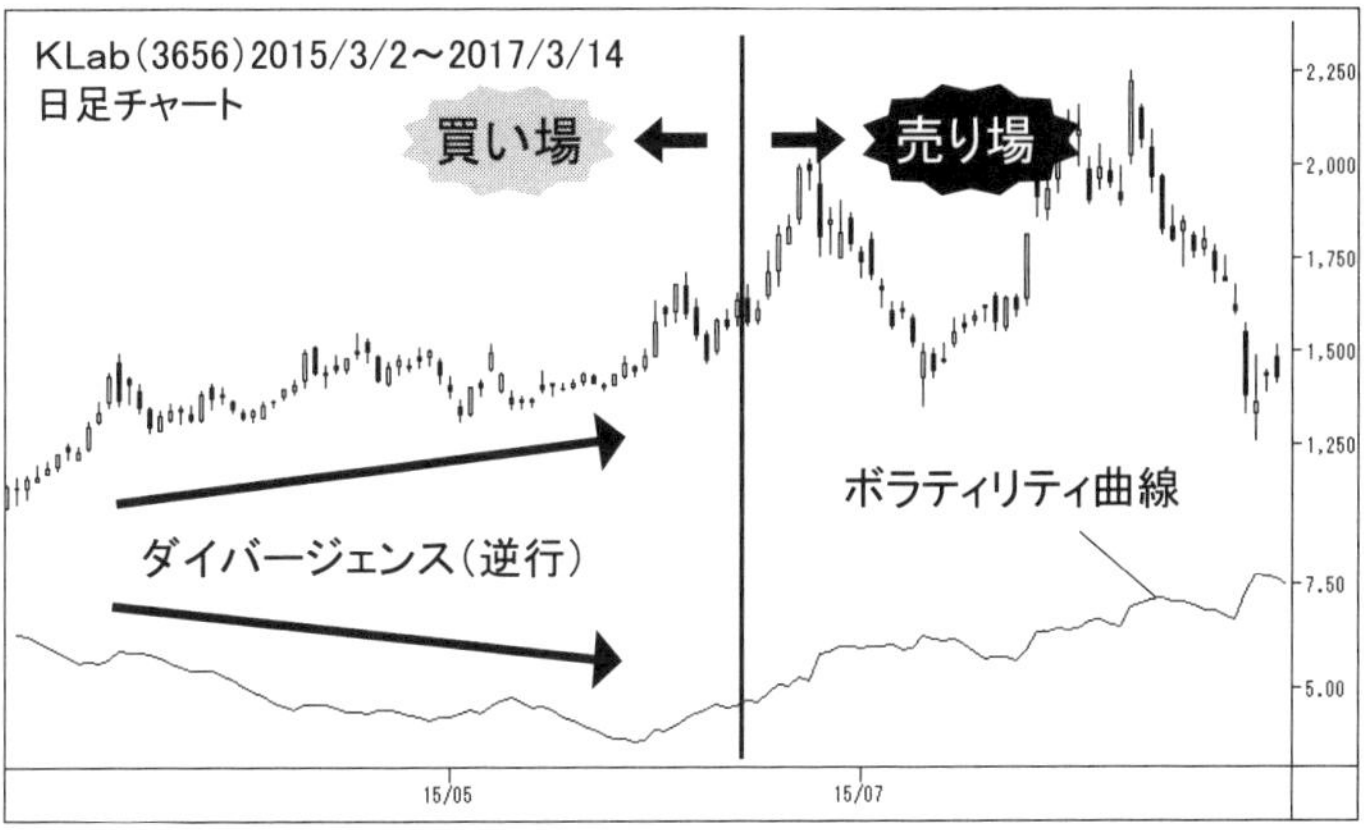

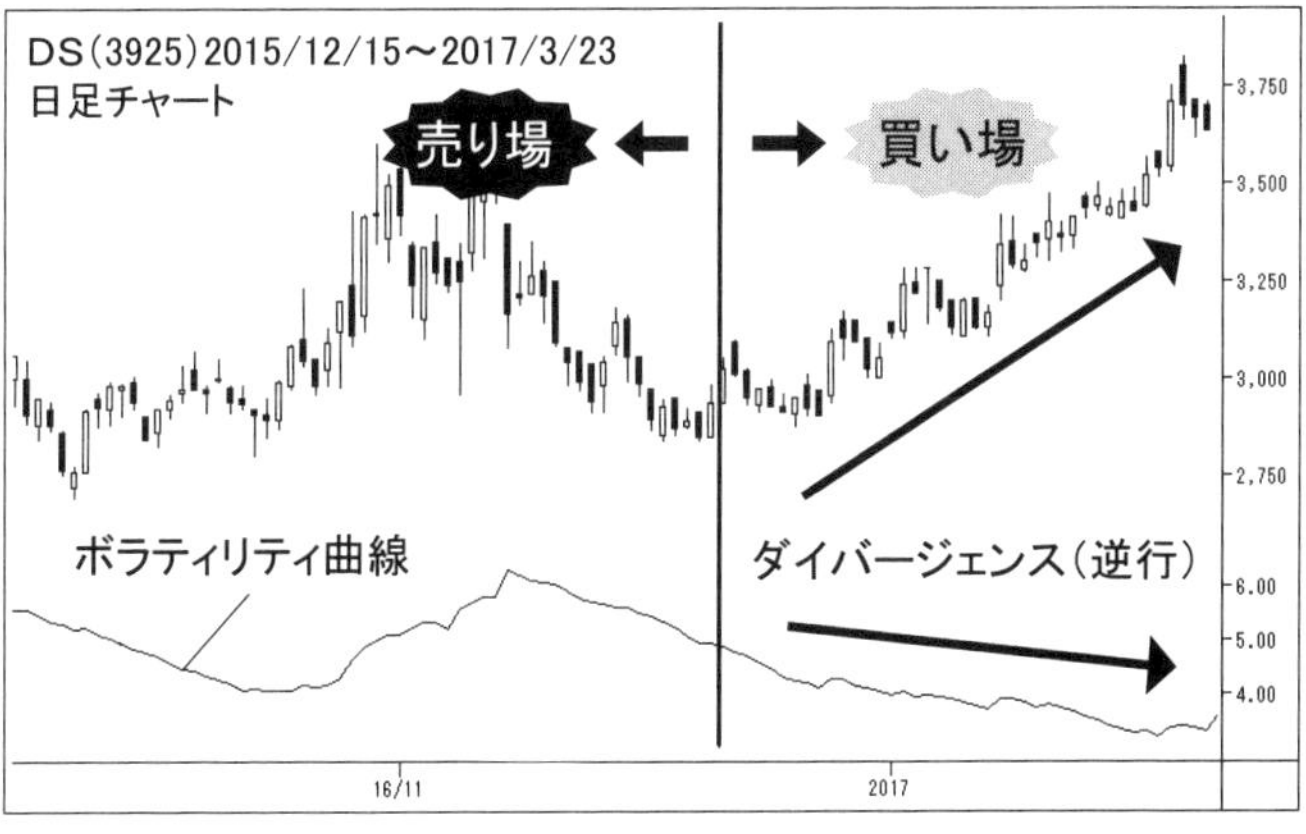

4・フィボナッチ平行線で株価の大底が分かる

株式の取引ツールに備わっているテクニカル分析のインディケーター一覧を見渡すと「移動平均線」「ボラティィリティ」などと一緒に「フィボナッチ・リトレースメント」といったものが見つかる。

フィボナッチ――そう、移動平均線のカスタマイズ（169ページ参照）で登場した自然界の法則、あらゆる生き物の生長パターンとされるフィボナッチ数列である。

リトレースメントとは「戻り（リバウンド）」の意味であり、このインディケーターを使うことで急落したマーケットがどこまで下落し、どこで反転するのか、そしてどこまで戻すのかを計ることができる。

つまり、左ページの図のような急落した株式の大底を拾ってリバウンドしたところで決済する「逆張り手法」のインディケーターなのだ。

フィボナッチ・リトレースメントは、通常とは少し異なる使い方で非常に強力なツールに様変わりする。

フィボナッチ・リトレースメントで急落を拾う手法

フィボナッチ・リトレースメントはチャート上にいくつかの平行線を自動で引いてくれる

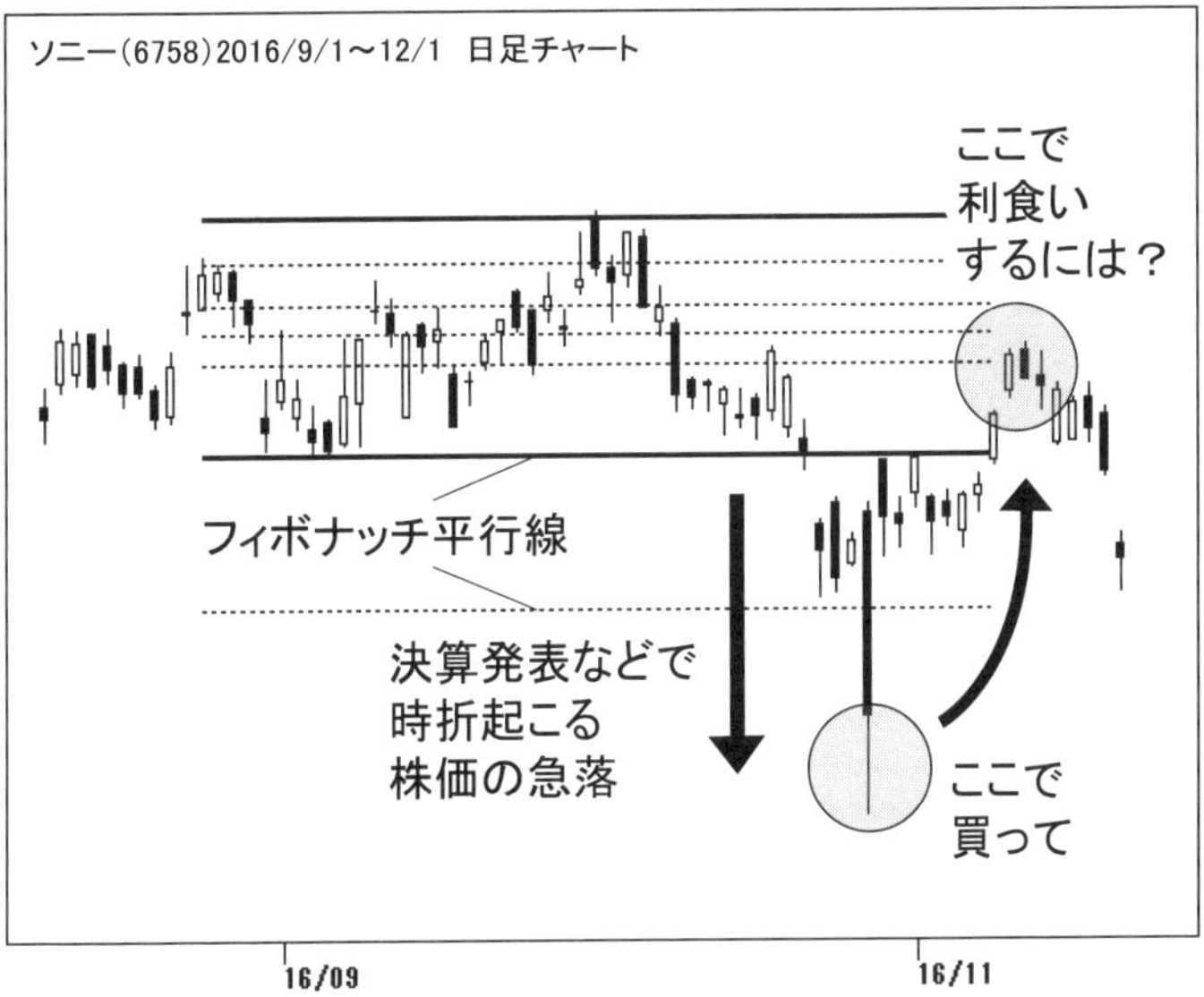

実際の取引方法は次項目に委ね、その準備のために本項目ではフィボナッチ・リトレースメントの見方や引き方を解説しよう。

・フィボナッチ・リトレースメントの見方

フィボナッチ数列「（0・0）（23・6）（38・2）……」の平行線をチャート上に表示するのがフィボナッチ・リトレースメントの役割である。

次ページの図の通り、その8本の平行線は、株価の「高値」

8本から成り立つフィボナッチ平行線

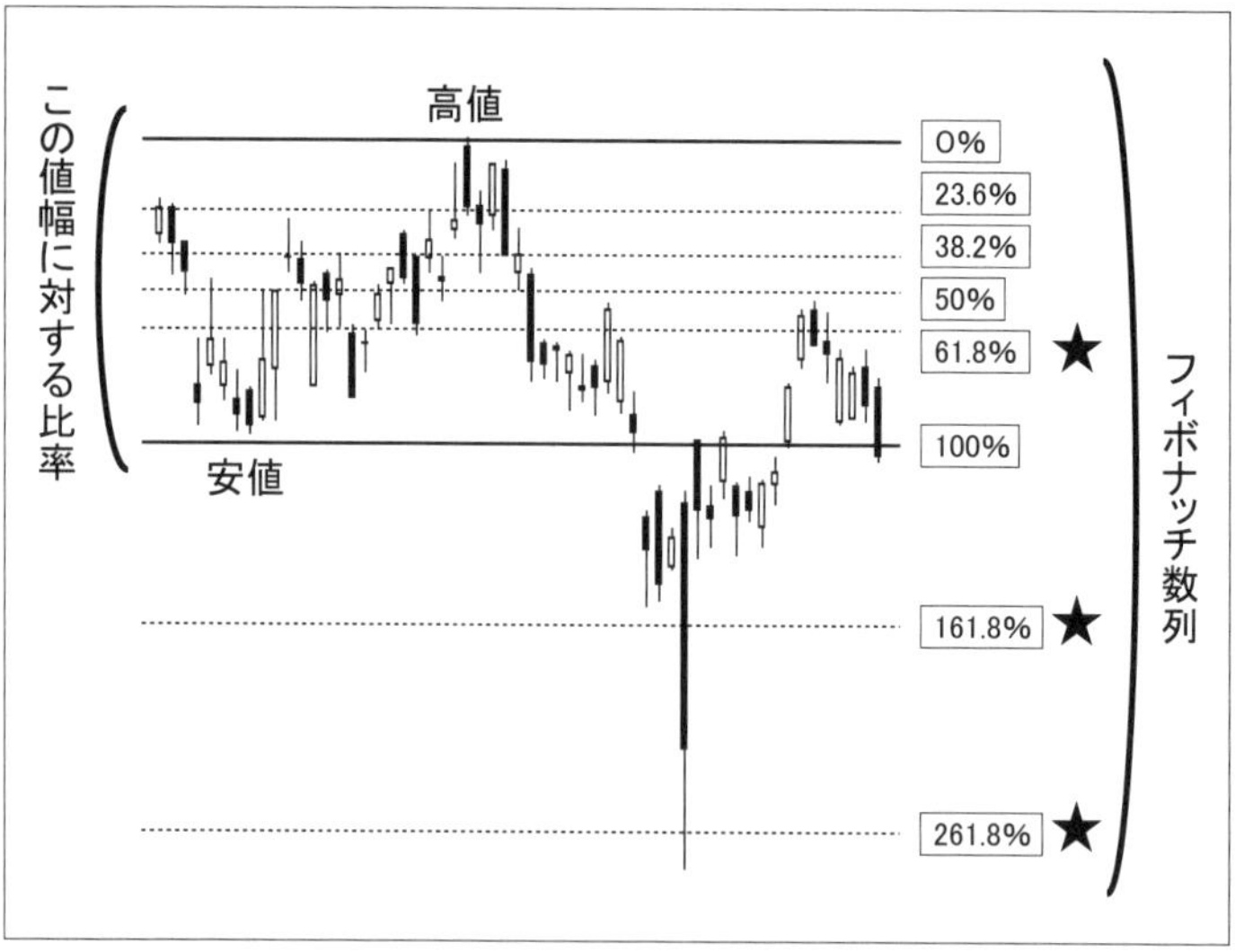

➡ リバウンドを狙うには「★印」のついている
「61.8%」「161.8%」「261.8%」の3つの値に注目しよう

と「安値」を基準に引かれている。

もし50％のフィボナッチ平行線に株価が差し掛かったのなら、その株式は安値から高値まで上昇した後に半値押しで下落したことになる。要するに、高値と安値の値幅に対する比率をフィボナッチ数列で表している。

フィボナッチ・リトレースメントを使って平行線を引く機会は、100％（安値）の平行線を割って下落している株式を発見した時である。よって常時の取引で平行線を表示させる必要はない。

株価が急落している最中、トレーダーの注目は「どこまで下落するのか」「どこまで戻すのか」であり、平行線を引くことでそれが目安（抵抗線・支持線）になる。

図の例を見ると、急落した株式は261・8％で反転し61・8％の平均線にタッチするまでリバウンドしている。

フィボナッチ・リトレースメントでトレーダーが重要視する平行線の値は「61・8」「161・8」「261・8」の3つと覚えておこう。

・フィボナッチ・リトレースメントの引き方

平行線は、取引ツールに備わっているインディケーター群の中からフィボナッチ・リトレースメントを選択した後、チャート上で直近の安値から高値へマウスをドラッグ＆ドロップすることで自動的に引ける（次ページ図A→B）。

その際、起点となるAの安値をどこにするかについて、昨日の安値なのか、先週の安値なのか誰もが曖昧になっている。どこの安値から平行線を引くのかを定義しないと結果が散逸になってしまう。これがフィボナッチ・リトレースメントが一般的に期待するほどの成果を

フィボナッチ・リトレースメントの引き方

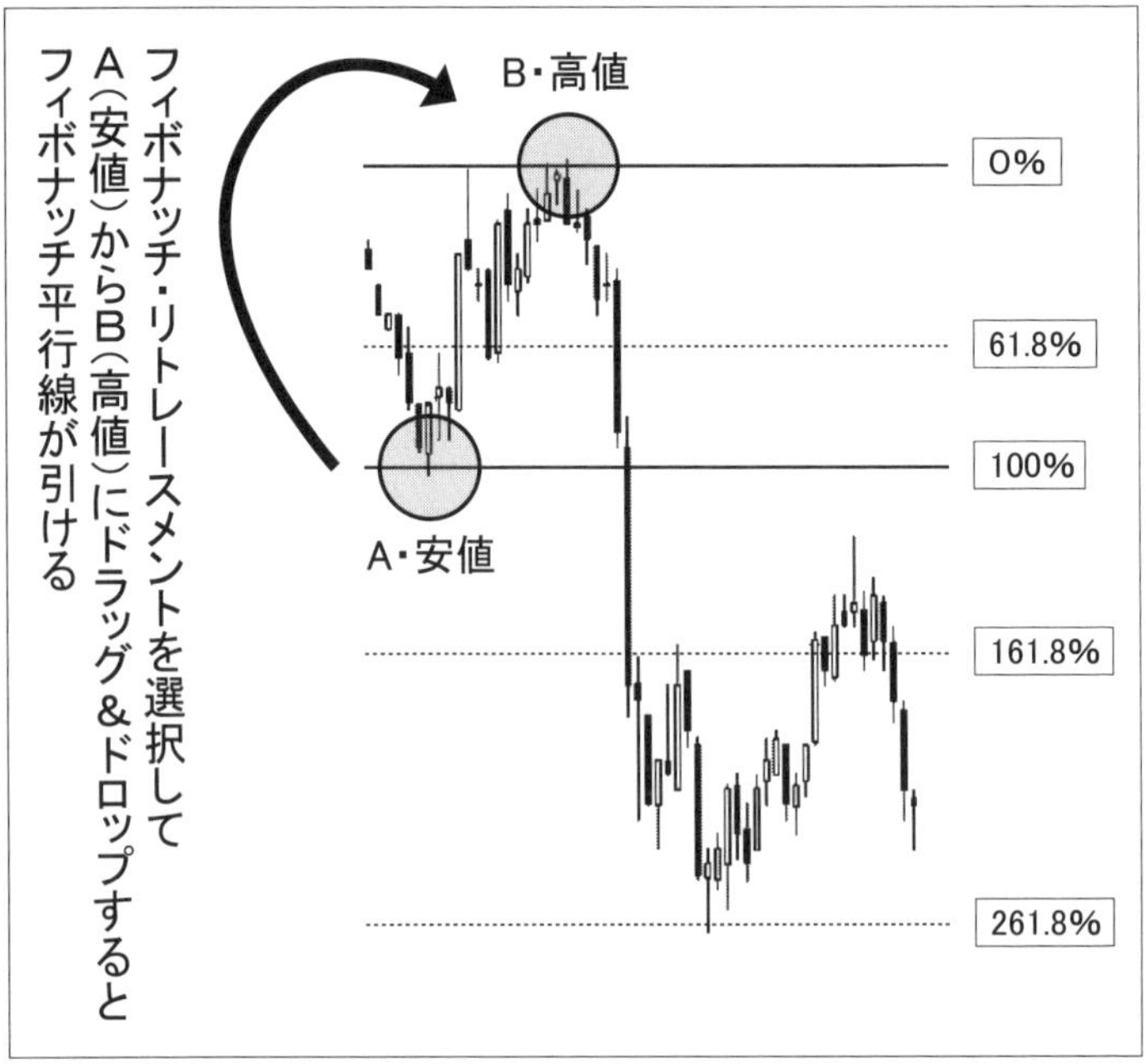

上げていない原因になっている。

プロトレーダーの定義は、過去の安値を結んだ「支持線」を安値とすることで、これは、第3章に出てきた「サイクル・イン」手法でやった安値の選び方と同じである。

つまり、支持線を割って株価が下落し、サイクル・インが損失になった後のリバウンドを狙うのが、フィボナッチ・リトレースメントを使った今回の「ピンチをチャンスに変える」手法なのである。

直近安値の選び方

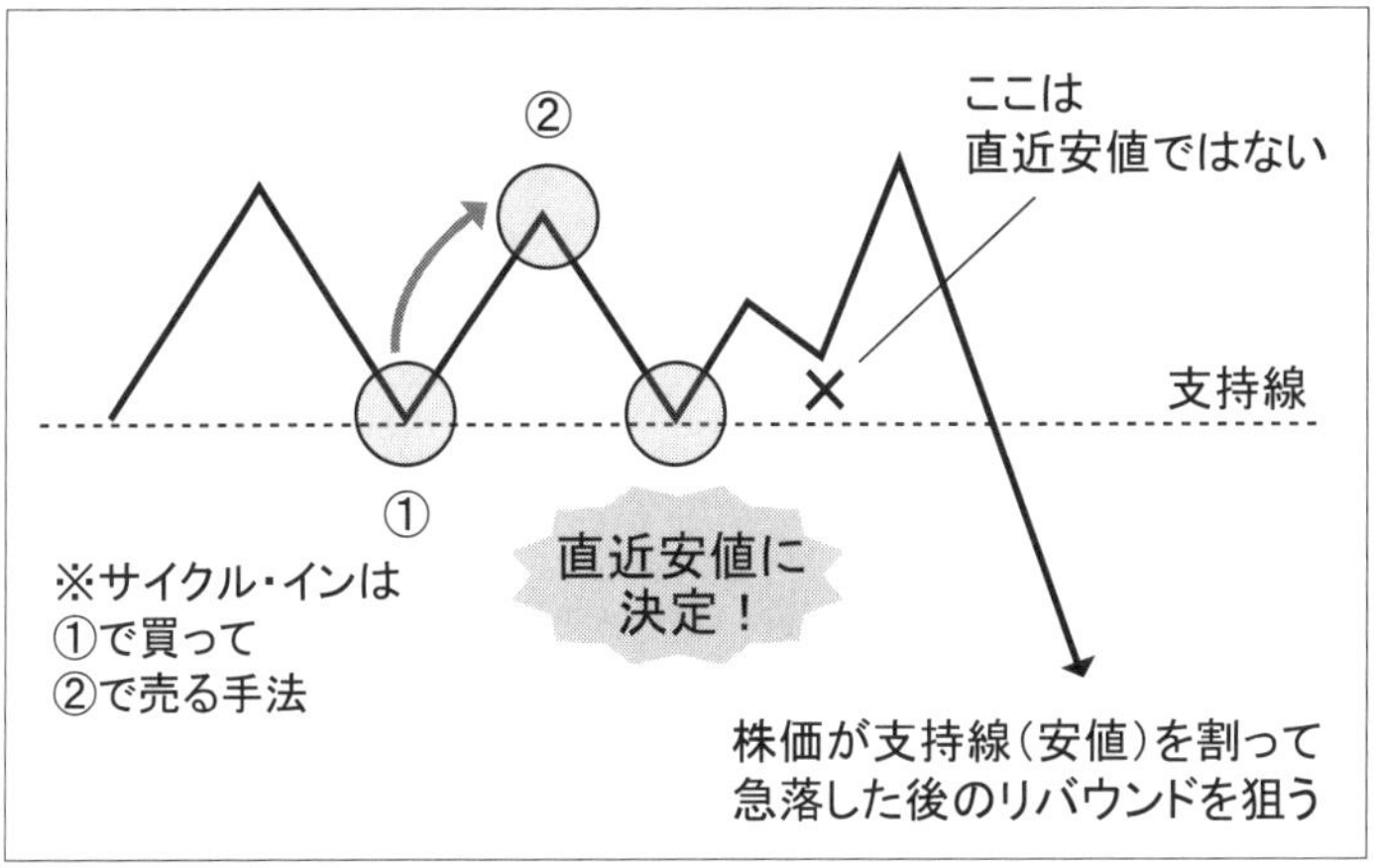
②
ここは
直近安値ではない
支持線
①
直近安値に
決定！
※サイクル・インは
①で買って
②で売る手法
株価が支持線（安値）を割って
急落した後のリバウンドを狙う

➡ 過去の安値を結んだ「支持線」を安値とする

実践で生かせるように次の項目でさらに詳しく見てみよう。

・急落のエントリーゾーン

ここで紹介するフィボナッチ・リトレースメントを使った逆張り手法の利点は、株価が支持線を割って下落したのを確認してから、「冷静」にトレードできることである。

本来、急騰・急落といった場面でトレーダーは心拍数の高まりに合わせて慌てふためいた行動をとってしまうが、本項目で紹介するルールに沿うことで、多くのトレーダーが窮地に立たされる箇所でチャンスを見出し、「危険」を回避した上で買うことができる。

しかし、急落した株価のリバウンドを待つスタイルなので欠点を挙げるならば利益が出るまでに多少の時間を要することだろう。

・どこで買って、どこで売るのか？

直近の安値を割って下落している株価の大底は、8つの平行線の下2つ「161・8」「261・8」のどちらかに差し掛かった時である。ここで初めて「下がり過ぎだ！　そろそろ買われてもいいだろう……」と考える。

2つの平行線に差し掛かった株価は大きく下落している。限界まで引き付けて低リスクで最大利益を狙う手法であるが、下落の途中で手を出して大やけどをしないためにも一役買うだろう。

過去の例から2つの平行線まで下落した株価は、そこから反転上昇する可能性が極度に高いのである。必ずしも平行線上で買うことはなく、左図で示したように、この手法は「161・8」「261・8」の間をエントリーゾーンとしている。

ゾーンに株価が突入したら下げ止まりを確認して買うのがよいだろう。

エントリーゾーンで買う

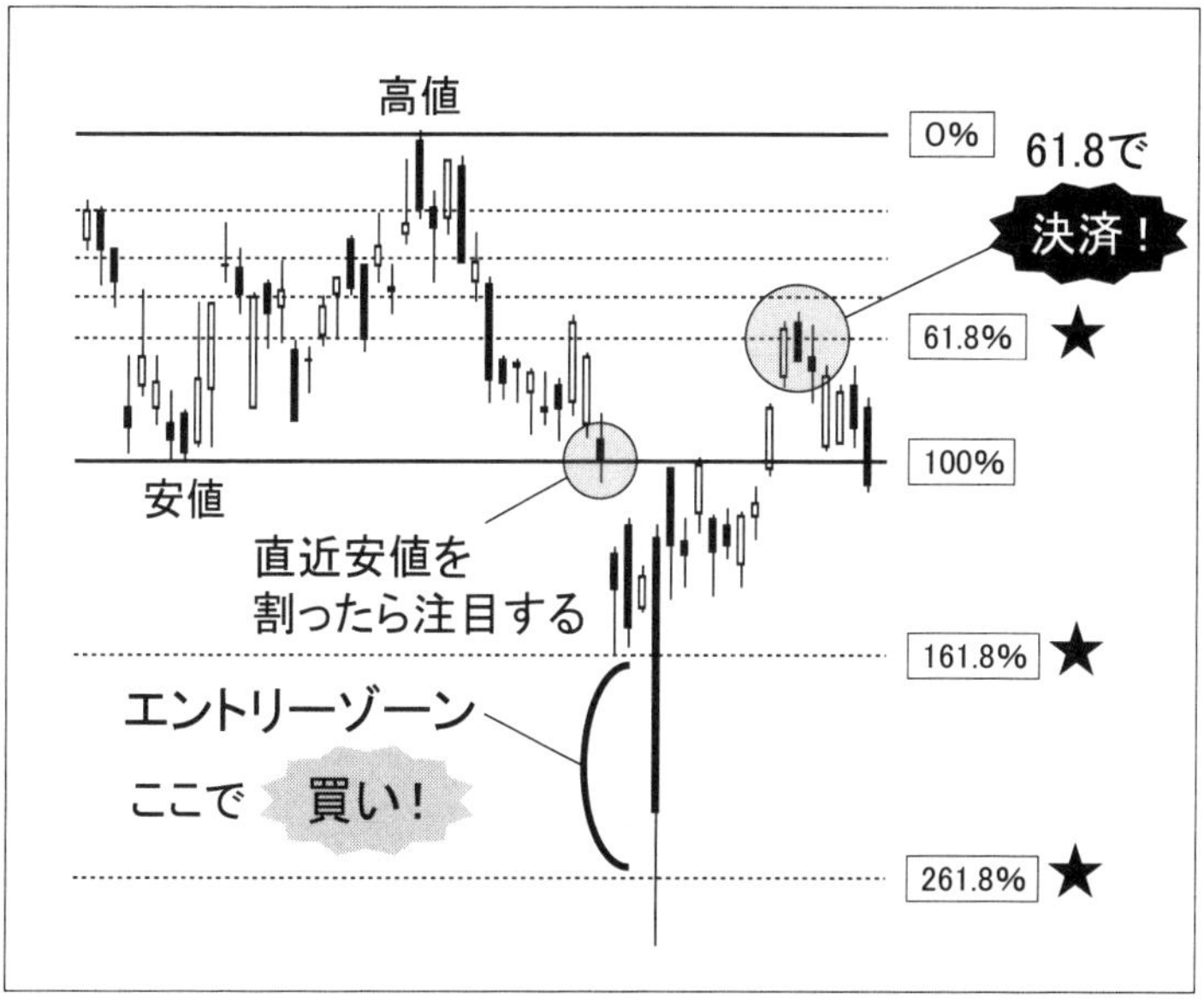

➡ エントリーゾーンは「161.8」と「261.8」の2つの平行線の付近にある
（※ここでは2つの間に設定している）

しかしながら、フィボナッチ・リトレースメントで平行線を引くことでゾーンは先に示されている。

従って日足チャートなど時間軸が長く常時株価を監視できないトレーダーは、エントリーゾーンに「指値」を入れておくことも可能である（株価を見ていなくとも指定した価格に達すると約定する）。

利益の確定は「61・8」前後がベストである。

エントリーゾーンで下げ止まった株価は、疑心暗鬼にもち合いを形成して上へ抜けるのに時間を要する場合がある。

よって、利益の確定は「61・8」付近の「指値」で行う習慣をつけよう。

テクニカル分析の1つ、フィボナッチ・リトレースメントを使用したトレード手順をまとめると次のようになる。

①直近安値を一本の大陰線（急落）で下回ったことを確認する
②フィボナッチ平行線を引く
③エントリーゾーン（「161・8」～「261・8」）で買いを入れる
④「61・8」付近で決済する

左ページの図は、下降トレンドにおいてフィボナッチ・リトレースメントを使用して、逆張り（トレンドに逆らって買うこと）で利益（損失もあり）を得た実例である。

エントリーゾーンで買う（実例）

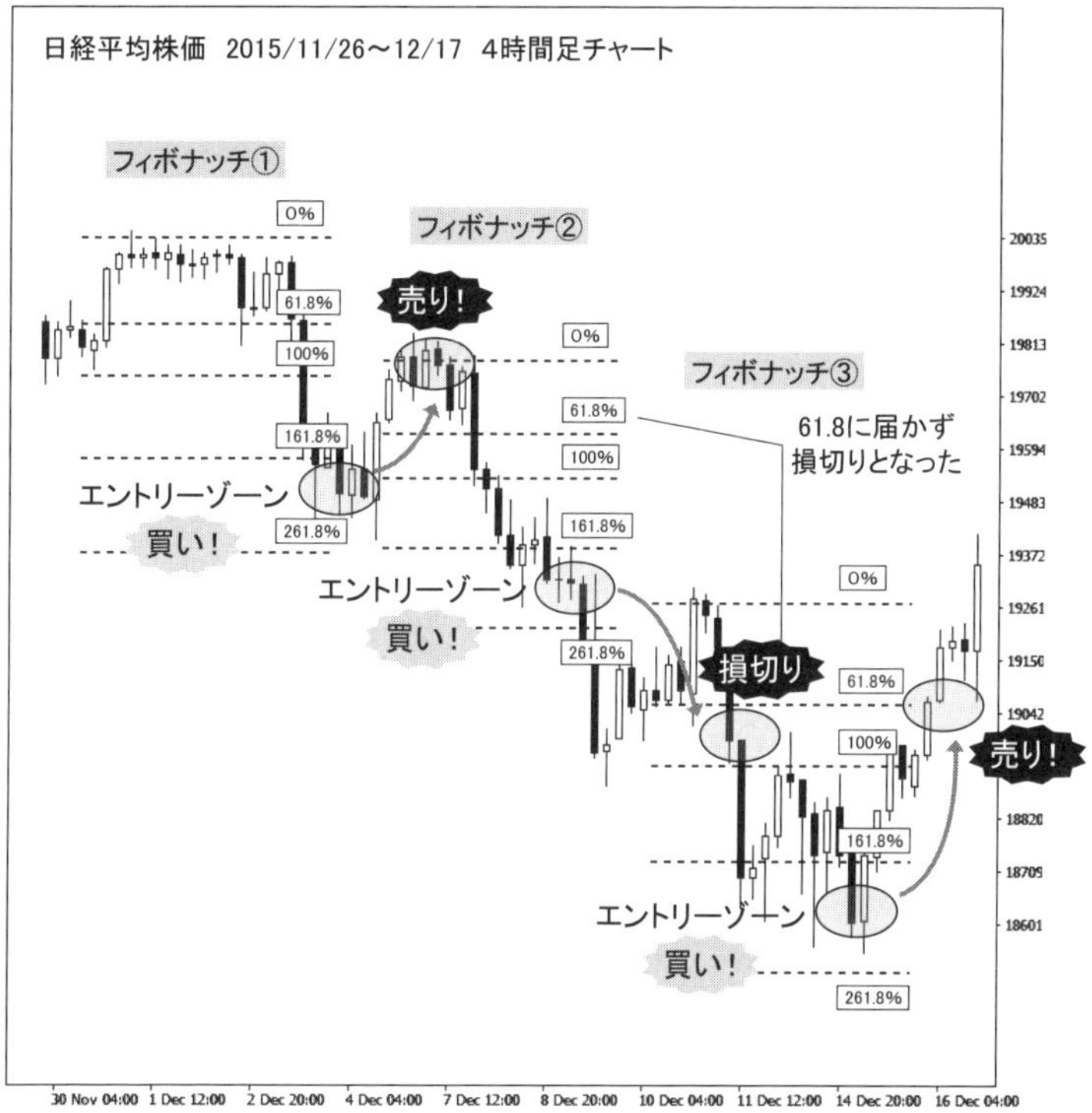

➡ エントリーゾーンと「61.8」を目安に売買を続ける

第5章

勝ちを積み重ねるリアルタイムトレード

1・トレーダーはザラバで何を見るべきか？

ザラバとは、株式市場が開きトレーダーが取引に奮闘している場中のことである。ザラバでトレーダーがチャートを追っている姿は想像に難くないし、ニュース情報をくまなくチェックしているトレーダーも多いだろう。そして大半のトレーダーが何よりも多くの時間を割いて凝視しているのが「板情報（板）」である。

世界の誰かが発注した注文は板に表示され、その板の上で株式が売買される様子が見ていて面白いのだ。トレーダーのデスクにあるパソコン画面のセンターの位置には決まって板情報がある。その周りをチャートやニュースが囲っている。

つまり、板情報で起こるリアルな現実がすべてでチャートやニュースの類は形を変えてそれ（板情報で起こったこと）を報じているに過ぎないのである。

本項目では板情報を読み解く術について解説したい。板情報の見方で収支は大きく変わる。特に一貫して勝ち続ける短期トレーダーの１００％が板情報の読みで収益を積み上げている。板情報には何が隠されているのか見ていこう。

相場は取引開始前から始まっている

売気配	株価	買気配
202	505	
56	504	
48	503	
1021	502	1021
	501	25
	500	18
	499	28
	498	105
	497	38
	496	26

気配が動く

取引開始の朝9時に枚数が一致した価格で寄る（取引が始まる）

前日終値

・相場は寄る前から始まっている

株式市場の取引は朝９時から一斉にスタートするが、最初に取引された価格を「始値《はじめね》」または「寄り値」と呼ぶことがある。

始値は文字の通りで取引が開始されたスタート価格のこと。一方で同じ意味の寄り値の「寄り」とは何だろうか——

それは、買いと売りを募って株式の枚数が一致した価格で取引が開始される（板寄せ方式）その様子が寄り（寄り付き）なのである。朝９時の取引開始の段階で買いと売りの枚数が一致しなければ取引を開始することができず寄るのが遅れることになる。

これを受けて個々の銘柄の相場は「朝９

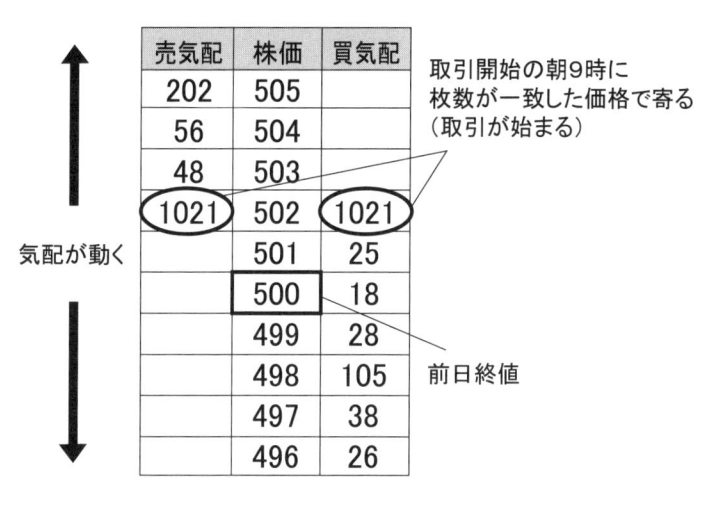

時前」の寄り値を決める段階からすでに始まっていることが分かる。

この寄り方でその日の株式の動向を占うことが可能であり、ポイントは上昇して取引が始まるか、下落して始まるかの2つである。

株式ディーラーのプロの現場で叩き込まれる指導に「高く寄る銘柄を買う（安く寄る銘柄は買わない）」といったものがある。基本は1円でも高く寄る銘柄を探してトレードを開始することで、一般の長期投資家が安く買うことに躍起になる中、その日の値動きに重点を置く株式ディーラー（短期トレーダー）は真逆の目線を持っている。

1円でも高く寄る銘柄はニュース（材料）の有無と内容を問わず、買い方の勢いが売り方より勝っているという考えが根拠になっている。

寄り前（取引開始前）における銘柄選びの基本は前述した通りだが、安く寄る銘柄をすべて候補から外すわけではなく「寄り直前に気配が上がる」ならば買いである。

これは高く寄る銘柄にも当てはまり、例えば、198ページの図のように前日比2円高で始まる気配だった銘柄に寄る直前でさらに買いが入り4円高で始まろうとする場合、単に1円高く寄る銘柄よりも「強い銘柄」と判断できる。この例の銘柄は9時に寄ってから高確率で上昇するだろう。

相場が高く始まるか安く始まるかを見分ける

高く始まる相場

売気配	株価	買気配
202	505	
56	504	
48	503	
1021	502	1021
	501	25
	500	18
	499	28
	498	105
	497	38
	496	26

前日より
2円高の
502円で
寄りそうだ…

前日終値

その後、
上昇する
可能性が高い

安く始まる相場

売気配	株価	買気配
48	503	
32	502	
18	501	
16	500	
20	499	
1021	498	1021
	497	38
	496	26
	495	28
	494	30

前日より
2円安の
498円で
寄りそうだ…

前日終値

その後、
下落する
可能性が高い

寄る直前に気配が上がる銘柄は強い

売気配	株価	買気配
202	505	
1125	504	1125
	503	12
	502	26
	501	25
	500	18
	499	28
	498	105
	497	38
	496	26

前日終値

寄る直前に
さらに104枚の
買いが入って
502円→504円に
気配が上がった

買い！

今回の寄り前の板読みをまとめると次の通りである。

①前日終値より1円でも高く寄る銘柄を選んで取引をする（安く寄る銘柄は買わない）

②寄る直前に気配が上がる銘柄は買い（気配が下がる銘柄は買わない）

・板読みトレード技術のすべて

前項目から読み進んでいる方は、取引が始まっても板情報から目が離せないことが分かるだろう。

高く寄った株式がそのまま上昇するのか、下降してしまうのか、トレーダーは寄り後のザラバ中も株価の動向を追わなくてはならない。それは同時に今日（今）取引する銘柄選びのためでもある。板を見て「強そうならどんどん買っていこう！」と、やる気満々のトレーダーは息巻くところであるが、何をもってそう判断するのか。そのポイントをいくつか紹介したい。

未来の値動きはチャートより板情報の方が分かりやすく、プロトレーダーは主に次の変化を読み取って「上がる銘柄」を見分けている。

①板の厚さ：株価は板の厚い方へ動く
②呼び値の変化：呼び値が上がる場面で買いが集まる
③現値とストップとの距離：ストップが視界に入ったら買いが集まる

①板の厚さ：株価は板の厚い方へ動く

強い銘柄の特徴その①は、買いの板に並ぶ枚数が少なく、売りの板に並ぶ枚数が多いパターンである。一見、買いの量が少ないことですぐに売られて下落しそうであるが、強く上昇している株式の板つきは必然的にこの形になる。

株価は板の厚い方に動く

下がる株式

売気配	株価	買気配
5	503	
6	502	
7	501	
4	500	
	499	128
	498	115
	497	132

大きな買いが並んでいるが一瞬で売られてしまう

下がらなさそうに見えるがどんどん下がる

上がる株式

売気配	株価	買気配
200	503	
135	502	
150	501	
	500	6
	499	7
	498	5
	497	5

売り物が厚いと上昇する可能性が高い

上図の右側の「上がる株式」において、501円で150枚を買ったトレーダーは、下値に買いが並んでいないので損切ることができないだろう。500円の6枚にぶつけても、残り144枚はどうするのだろうか──

しかしそう危惧する最中にも株価はどんどん上昇し、余計な心配だったことに気づかされる。

逆に左側は、「下がる株式」のパターンで、買い板が厚くなっている。1円でも安く買いたいと思う投資家が多いのか、499円以下に大勢が並んで売られるのを待っている。みんなが安く買いたいと思っている銘柄は上昇できない。500円に並ぶ4枚す

呼び値の単位は変化する

1株の値段		呼び値の単位	
		通常の銘柄	TOPIX100 構成銘柄
1,000円以下		1円	0.1円
1,000円越	3,000円以下	1円	0.5円
3,000円越	5,000円以下	5円	1円
5,000円越	10,000円以下	10円	1円
10,000円越	30,000円以下	10円	5円
30,000円越	50,000円以下	50円	10円
50,000円越	100,000円以下	100円	10円
100,000円越	300,000円以下	100円	50円

➡ 呼び値が変化するタイミングは狙い目になる

らさばけない状況である。まとめて売るのが大好きな機関投資家等の大口に一気に売られてしまう可能性が高い。

②呼び値の変化：呼び値が上がる場面で買いが集まる

株式は価格帯によって動く単位が異なり、例えば４５００円の株式は５円単位で株価が変動し、５５００円の株式は10円単位で動く。この刻み幅の単位を「呼び値」という。

株式の特異なシステムである呼び値は、ザラバでリアルタイムに適応される。

つまり株式を３０００円で買ったトレーダーは、３００５円で利食いするか、２９９９円で損切りをするかの２択になる。株価が

呼び値が上がる場面で買う

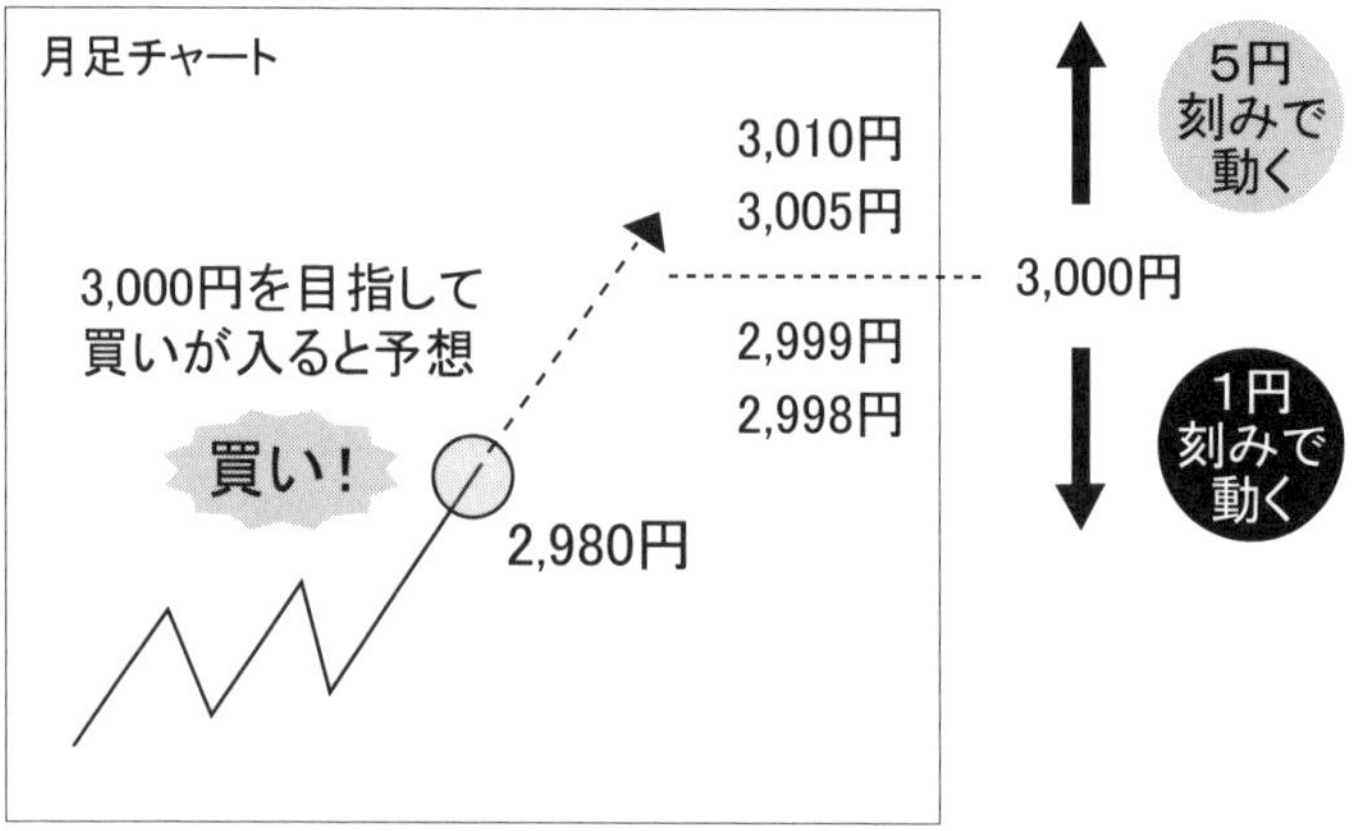

➡ 呼び値が上がるポイントまで上昇を続ける可能性が高い

３０００円を超えると１ティックの値動きが１円単位→５円単位へ変更されるからだ。

この呼び値が変わる局面は個人的に「狙い目」と考えている。

例えば、上図のような２９８０円まで勢いよく上昇している株式を発見した時、私は「とりあえず呼び値が変わる３０００円までは買われるだろう」と予測する。

その理由はいくつかあり、３０００円ジャストの価格に「キリ番」（キリの良い価格）と「呼び値の変化」の二重の節目が当てはまり、買い方の勢いが増すこと、そしてリスクが１円に対して利食いが５円になる優位性があることなどが挙げられる。

板情報を観察して面白いと感じるのは、前述したようなニュースや業績など一切関係のない心理的要素が反映されるトレードの奥深さである。

③現値とストップとの距離：ストップが視界に入ったら買いが集まる

株式には当日における「制限値幅」があることを知っているだろう。

当日に株価が変動する制限値幅

基本値段		制限値幅
100円未満		30円
100円以上	200円未満	50円
200円以上	500円未満	80円
500円以上	700円未満	100円
700円以上	1,000円未満	150円
1,000円以上	1,500円未満	300円
1,500円以上	2,000円未満	400円
2,000円以上	3,000円未満	500円
3,000円以上	5,000円未満	700円
5,000円以上	7,000円未満	1,000円
7,000円以上	10,000円未満	1,500円
10,000円以上	15,000円未満	3,000円
15,000円以上	20,000円未満	4,000円
20,000円以上	30,000円未満	5,000円

上の表の通り、１００円の株価はどんなに頑張っても１日で１５０円以上は上昇できない（新規上場銘柄の初値決定を除く）。新興市場の銘柄は値動きが大きいので、日常的に「ストップ高（安）だ！」と夢と涙に満ちた言葉が行き交っている。

余談であるが、米国株式には制限値幅がなく材料によって株価が１日で何倍にでもなることが可能なよう

プロトレーダーの狙いを利用して買う

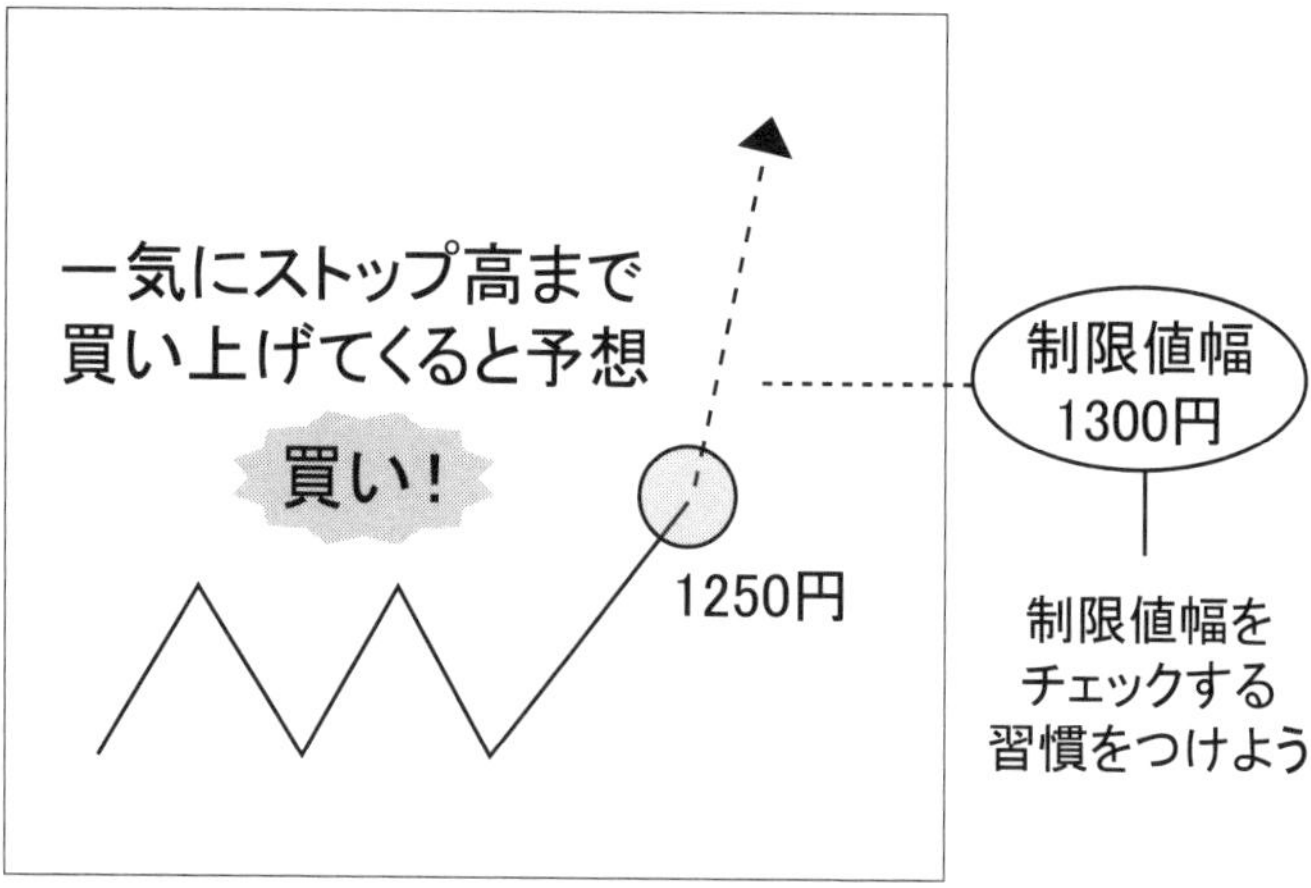
一気にストップ高まで
買い上げてくると予想
買い！
1250円
制限値幅
1300円
制限値幅を
チェックする
習慣をつけよう

➡ ストップ高ではなく上がっている過程で利食いする

で、それこそ夢があると言えるだろう。

しかし同時に下限も知らないため、悪材料が出た場合は非常に厳しいことになる。日本の制限値幅はトレーダーに冷却期間を設けるためにあるのだが、プロトレーダーはこの制度をうまく利用している。

ストップ高の株式を目にすると「もう下がらない」「明日もストップ高か……」といった連想が働き、ストップ高の株式を欲しいかと尋ねられたトレーダーの大半が「はい！」と答えるだろう。

プロトレーダーはこのストップ高という魔性の言葉が持つ連想を餌に仕掛けてくる。具体的にはストップ高まで株式を買い上げてくるのだ。しかしながら「買い上げさせる」のも私たちプロトレーダーである。

読者を含む私たちは「ストップが視野に入ったら一気に買ってくるだろう」と前もって考えておく、ストップ高の手前５％前後を活況な出来高で推移している株式を発見したら少し買ってみる。

しかし買った株式をストップ高で売るのが目標ではなく、ストップ高を目指す過程で利食いした方が良いだろう。なぜなら、ストップ高まで届かなかった場合、仕掛け的に買い上げたプロトレーダーの投げ売りが生じるからである。

・株式ディーラーを手玉にとる

証券会社自らが投資家として株式を売買する業務があり、本書で時折登場する株式ディーラーがそれを担っている。株式ディーラーの社内での評価は運用成績がすべてであるが、単に会社の資産を増やすために存在しているのではなく、市場の流動性に貢献するといったもう1つの大義があるのだ。

一般的に「流動性がある」とは、投資家が手持ちの株券を好きな時に決済して換金できるか否か、その換金性のことを意味する。換金性を高めるには出来高が必要であり、株価を活

市場の流動性を高めるための株式ディーラーの売買

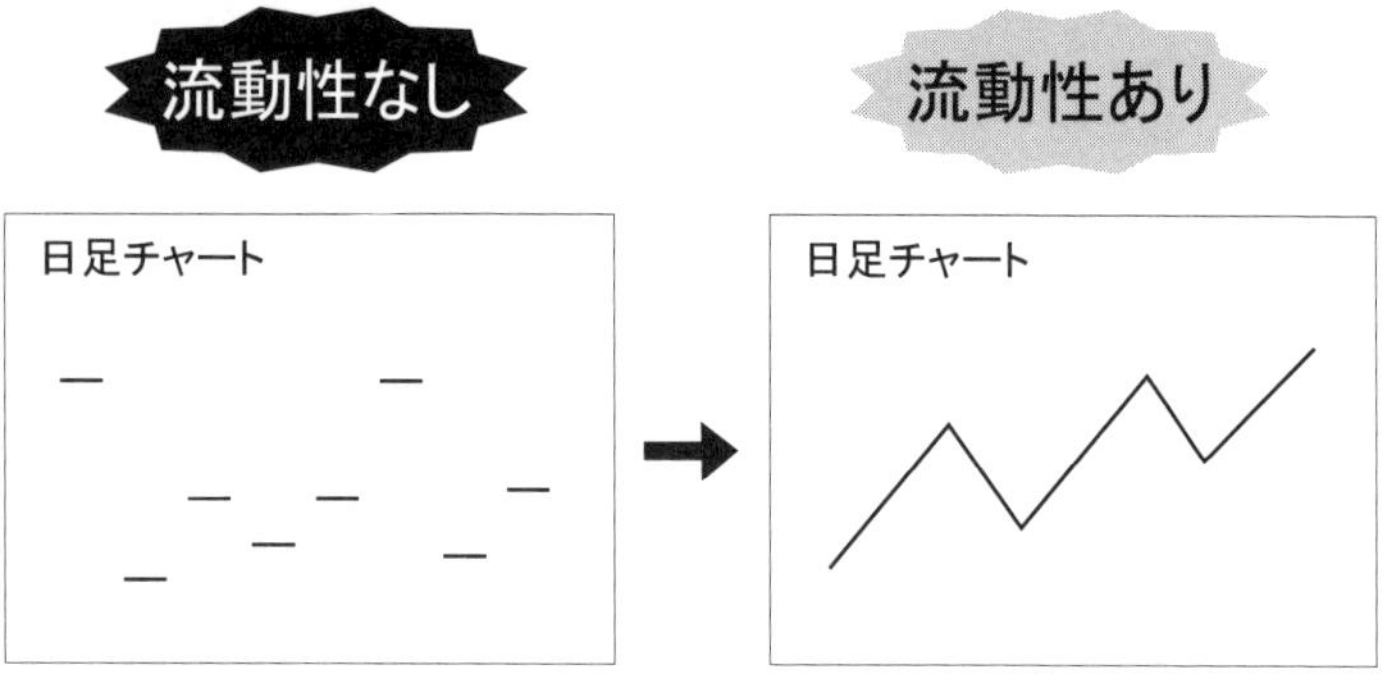

投資家は「参加者が少なく
値動きが飛んでいて
買えないし売れない」と考える

投資家は「持たざるリスクだ！
急いで買わなければ」と考える

性化させる株式ディーラーには国内外の一般投資家（トレーダー）を市場へいざなう役割もある。

株式ディーラーが株価を上下に動かし出来高を生み出してもそれに賛同するトレーダーがいなければ上手くいかないだろう。

つまり、動いた後の株価で買いたい人が現れなければ反対売買に押されてしまう。流動性を作り出すにはリスクが伴うのだ。

しかし株式市場をゼロサムゲームのように例えるなら、誰かが背負ったリスクの分だけ他のトレーダーにリターンがある。

言い換えれば、株式ディーラーがリスクを掛けて買ってくるポイントを知ることで個人トレーダーは有利に動けるのである。

・株式ディーラーに節目をブレイクさせる

株式ディーラーが買ってくるポイントはどこなのだろうか。

彼らのワンショットは２０００万円から5億円ほど。その資金量を最大に生かす場面は決まって「節目」であり、節目にある邪魔な売り物を取っ払うのが株式ディーラーのトレードの一切であると言っても過言ではないのだ。

しかし、当日の高値が言葉上の節目であることに変わりはないが、そこに大きな売り物がなければ株式ディーラーの出番は訪れないだろう。

次ページの図の例では、当日の高値（５１５円）を節目としている。

株式ディーラーが買ってくる条件は、「節目」＋「節目の板の厚さ」である。

節目に該当する価格（キリの良い数字・当日高値・前日高値・年初来高値など）をチャート上で、板の厚さ（売り物の大きさ）を板情報で確認する。節目に大きな売り物があって初めて株式ディーラーの出現を予期することができる。

図の５１５円には３５２枚の売り物があり、板の厚さは合格。この時点で我々は、株式ディーラーが３５２枚を買ってくることを前もって知ることができる。よって、トレードをしてい

節目の値段の「板が厚い」と株式ディーラーは買ってくる

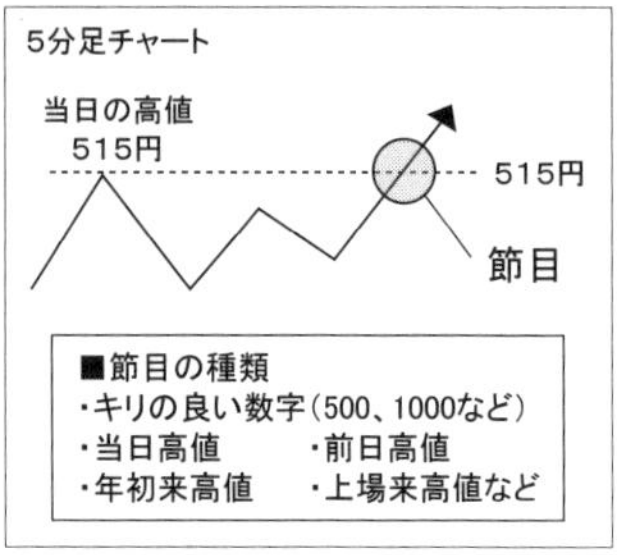

節目の
板の厚さを
確認する

売気配	価格	買気配
25	516	
352	515	
43	514	
25	513	
	512	11
	511	9
	510	15

買い！

➡ この習性を利用して株式ディーラーに節目をブレイクさせる

る時は「どこの板が厚いのか？」と、隈なく板情報を上下にチェックすることが大切である。

株式相場は演出に依るところが大きく、５１０円から５１４円を一般のトレーダーが先回りで買って「買い支える」――

５１４円に買いが集まり土台が固まると「さぁ、後はお願いします」と大口の株式ディーラーに５１５円をブレイクさせるシナリオが描けるのである。

なぜこのように断言できるのかと言うと、株式ディーラーはある程度の似通った教育を受けていることが挙げられる。機械仕掛けの人形のように高値を買ってくる。また単に高値ブレイクは一般的な手法であり、売り方の買戻しを誘うトレードに当てはまる。

本稿では高値＋板の厚さという条件を付けたが、それは売り方が節目の大きな売り物を盾に空売りを仕掛けているからである。その盾（図の３５２枚）を株式ディーラーが取っ払ってしまうと、一斉に売り方の買い戻し（ショートカバー）が発生して株価が上昇するのである。

2・実践！ トレーダー最大の障壁を乗り越える

次ページの表は私の株式トレードの月間成績である。本書の特徴は、複雑な計算などを必要としないトレードに直結した「リアルさ」であるため、本稿の執筆に向けて、50万円を証券口座に入金し4ヶ月間のトレードのデータを取ったものである。

成績表から様々な問題を展開して解決を試みるのが目的であり、不甲斐無くもその期待に応えるトレード内容になっている。それは損益に着目すれば単なる勝ちであるが、この数字（利益）を残すために苦痛を強いられた、ということである。

数字を残すための苦痛とは、売買手法を極める苦労などではなく、ダメだしの連続から自己嫌悪に陥りながらも自分に課した掟（絶対ルール）を守ることである。トレーダー全員が受ける試練ともいうべき最大の障壁がここにあるのだ。長期トレーダーは時間軸が長く障壁に気づかないこともあるだろう。しかし長期や短期にかかわらずトレーダーが学ぶべきものはまったく同じである。

なぜ負けが止まらないのか、なぜ手が狂うのか——

トレーダーの大半が月次もしくは日次の成績表を付けている。最終的にプラスかマイナスで終える境界線がどこにあり、どう解決すべきかを知る手掛かりにしてもらいたい。

筆者によるデイトレード　月次成績表

■ 2017年２月

損益額合計[円]	勝率	建玉保有時間	
		益出し	損切り
287,815	70.8%	4分03秒	7分23秒

■ 2017年３月

損益額合計[円]	勝率	建玉保有時間	
		益出し	損切り
-116,989	63.35%	3分40秒	9分39秒

■ 2017年４月

損益額合計[円]	勝率	建玉保有時間	
		益出し	損切り
400,292	60.11%	2分04秒	6分46秒

■ 2017年5月

損益額合計[円]	勝率	建玉保有時間	
		益出し	損切り
282,766	60.69%	3分11秒	9分55秒

※松井証券　1日信用成績表より抜粋

2月の成績（取引環境を構築する）

トレードは2月13日（月）にスタートした。

私は研究を兼ねてよく一人ぼっちの企画を催すことがある。過去には株式投資にカジノ手法を充ててみたり、東証二部や新興だけに銘柄を制限したりといろいろ企ててトレードをしてきた。

今回の企画（条件）は「デイトレードに限定」と「個人投資家が注目する銘柄」に絞ってトレードすることである。

デイトレードを実施するにあたり、松井証券に株式口座を開設して信用取引もできるようにした。私は一昨年まで金融機関に勤めていたので松井証券の口座を閉鎖させたままだったのだ。

・松井証券（http://www.matsui.co.jp/）一日信用取引

松井証券を選んだ理由は、信用取引の日計り手数料が無料であり、株式ディーラー時代とまったく同じ発注機能（ワンクリック板発注）が備わっていることである。そして個人投資家が有利なのは、さらに上を行くシステムを思うがままに構築できる点にあり、私は40インチ４K液晶ディスプレイ（約６万円）とパソコンに内蔵させる４k60ヘルツ対応ビデオカード（約１万６０００円）を購入した。

2017年2月　月次成績表

損益額合計[円]	勝率	建玉保有時間	
		益出し	損切り
287,815	70.8%	4分03秒	7分23秒

※松井証券　一日信用成績表より抜粋

日次　成績表(円)

13日	14,521 ← 取引開始
14日	22,312
15日	32,005
16日	28,952
17日	28,541
20日	29,674
21日	19,622
22日	20,010
23日	43,977
24日	−8,909
27日	44,185
28日	12,925

合計　＋287,815円

【主な取引銘柄】

安江工務店(1439)
レノバ(9519)
アスカネット(2438)
イントラスト(7191)
モブキャストHD(3664)
野村マイクロ・サイエンス(6254)
モバイルファクトリー(3912)
サイバーステップ(3810)

この液晶ディスプレイ１枚で24インチＦＨＤ液晶ディスプレイ４枚分相当の領域を表示できる。

デイトレードにおけるパフォーマンスが大きく向上するので参考にしてほしい。

個人投資家が注目する銘柄は、次のサイトを見ることで一目瞭然となった。

・銘柄ＬＩＶＥ（http://chartnavi.com/scan/live/）

銘柄ＬＩＶＥはＬＩＮＥ上の株式に関するつぶやきをピックアップしただけのものだが、注目されている銘柄を「発言された回数」で知ることができる。そしてつぶやきの内容によっては株価が高く（安く）始まる理由などをある程度掴むこともできる。

よってこのサイトを参照する時間は、前場（午前）と後場（午後）の取引開始前（寄り前）がベストだった。こうして毎日監視する銘柄を少しずつ更新し、常に流行の最前列に席を設けておくことが大切である。

私がトレードを始めたこの時期は、新しく上場する企業が多かったようで、銘柄ＬＩＶＥの発言はＩＰＯ株（新規公開株）に偏っていた。必然的に私は、個人投資家が注目する銘柄に絞るといった企画に従い不慣れなＩＰＯ株をトレードすることになったが、これまた必然的に流行に乗る形となった。流行に乗ったＩＰＯ株は力強く上昇し収益に貢献してくれた（ＩＰＯ株は荒い値動きが特徴で、注目を失うと大きな下押しに警戒が必要になる）。

文頭に2月の成績表を載せておきながら解説をしていなかったが、心境は察しの通り有頂天である。損切りの平均が7分23秒と少し遅いことが気がかりだが負けの日は1日しかない。このまま続ければ家で寝ころびながら株で食べていけると胸が弾んだことを打ち明けておこう。しかしデータの収集は始まったばかり――まだ分析するに至らない状況である。口座資金が50万円なので細かく回転売買を繰り返すしかなく、1日の約定回数は80件前後が平均となった。

3月の成績（負けの原因を探る）

私は、元機関投資家（株式ディーラー）でトレードの初心者に当てはまらない。短期・中期トレードで何億もの成績を残してきた。

そんな私が先月から意識しているポイントは、1日2万円前後の利益が落ち着きどころで、損失の方も2万円程度に抑える必要があり、それが可能ならば、後は勝率によってもたらされる利益が自然に積み上がるだろうということ。

可もなく不可もなく残せる2万円という金額は、前場9時～10時30分の間で獲得できる金額の平均値である。私にとっての毎朝の精々が大体2万円前後だった。人によっては2万円でなく、1万円か3万円が落ち着きどころになることもあるだろう。

・デイトレーダーは朝が勝負どころ！

今回のような少額資金（50万円）で何度もトレードを繰り返すスタイルはデイトレードであり、現物取引（50万円×1倍、回転売買不可）ではなく、信用取引（50万円×3倍、回転売買可能）でなければ運用は難しい。

回転売買には出来高が必要であることからデイトレードにとって重要なことは「いつ取引するのか」である。簡単にまとめると次ページの表の1時限目と4時限目、前場9時〜10時30分、後場14時〜15時でデイトレーダーの収支の大部分が決まってくる。特に1時限目が最

2017年3月　月次成績表

損益額合計[円]	勝率	建玉保有時間	
		益出し	損切り
-116,989	63.35%	3分40秒	9分39秒

※松井証券　一日信用成績表より抜粋

日次　成績表(円)

	1日	13,445	
	2日	21,851	
	3日	−12,320	○
	6日	30,289	
	7日	23,200	
	8日	−38,442	
	9日	21,358	
A	10日	8,927	○
B	13日	26,201	
B	14日	58,565	
B	15日	−55,879	
B	16日	−68,925	
B	17日	−106,321	○
B	21日	−88,253	
	22日	8,858	
	23日	13,442	
	24日	−26,695	
	27日	16,254	
	28日	13,257	
	29日	13,112	
	30日	9,553	
	31日	1,534	○

○＝金曜日

合計　−116,989円

【主な取引銘柄】

GNI(2160)
ウェッジHD(2388)
ACCESS(4813)
ピーバンドットコム(3559)
レノバ(9519)
モブキャストHD(3664)
モバイルファクトリー(3912)
サイバーステップ(3810)

マーケットの時間割

前場 (09:00～11:30)	1時限目　09:00～10:30「みんなが株式を買う時間」 2時限目　10:30～11:30「海外市場を警戒する時間」
お昼休み(株式取引停止)	
後場 (12:30～15:00)	3時限目　12:30～14:00「冷静になる時間」 4時限目　14:00～15:00「思惑が交錯する時間」

■1時限目　09:00～10:30「みんなが株式を買う時間」

東京証券取引所に上場する約3500銘柄の取引が1日で最も活気づく時間帯であり、大きなエネルギーが取引開始時に集中することから値動きが荒くなることが多い。**長期より短期売買を意識した参加者が注目する時間帯となる。**

■2時限目　10:30～11:30「海外市場を警戒する時間」

急騰・急落した銘柄が息切れを起こす時間帯。10時30分頃から上海市場と香港市場が開くため、**機関投資家の商いが中心となる。**

■3時限目　12:30～14:00「冷静になる時間」

この頃には**すべてのニュース情報が出揃い**、投資家が冷静にマーケットを見渡せるようになっている。

■4時限目　14:00～15:00「思惑が交錯する時間」

中長期投資家にとって日中の値動きは関係ない。それは前場で持ち株が高騰して利益が出ていても、後場で下落してしまうと含み損になる可能性があるからだ。つまり今日いくら上がったのか、下がったのかという判定は終値に持ち込まれる。下げて終わらせたい投資家もたくさんいるので、**終値をめぐる争いが場が引ける直前まで続く。**

も稼ぎやすいだろう。その他の時間帯時は出来高が減って難しいトレードを強いられる。そのため利益を減らしてしまう可能性が高いのだ。

・負けの原因は何だったのか？

啓蒙的なことを散々口にしておきながら、なぜ負けているのか――

痛々しい3月の成績表を前にして言い逃れは難しい。私の中のもう1人の私（負けてしまった私）にそうなった訳を問いただすしか方法がないのだ。

問題のトレードは成績表の「A」（10日）から始まっていた。数字上では何の変哲もない日であるが、約5万円のマイナスを取り返してのプラス収支だった。負けをひっくり返す力量に自信を持つのが一般的だが、それは間違いなのだ。一皮むけたわけではないということである。大きくぶれた収支は冷静さを奪ってしまう。その証拠に平均80回前後だった取引数は300回以上へ膨れ上がっていた。前述した先月から意識しているポイント（上下2万円程度の収支が理想）はどこへ行ってしまったのか。

今日で取引を最後にするのならよいが、本書は一過性の類でなく、株式投資で生涯稼ぎ続けるための指南書であってもらいたい。身体がいくら健全であっても毎日300回のトレードを続けられるわけがなく酔狂なトレードを参考にするべきではないのだ。

その果ての切った張ったの大立ち回りは、「B」のような大崩れをもたらした。これまで積み上げた収益を担保に、ギャンブル特有の地獄への快楽を楽しんでしまう。デイトレードで大切なことの1つは「収支の安定」である。大きく負けること、そして大きく勝つことも手を狂わせる根源になると覚えておこう。

もう1つの敗因は「B」における空売り（ショート）である。この期間の損失の約7割が空売りによって生じている。

普段、買いしかやらない私がなぜ空売りをしているのか——

デイトレードやスイングトレードであっても、買いと空売りどちらかに絞ってトレードすべきなのだ。上昇を見込んだ買いを50％、下落を見込んだ空売りを50％の取引量で生き残ったトレーダーはごく少数だろう。もしかしたら一人も存在しないかもしれない。100％どちらかに傾けるべきで、それはつまり、下落相場が続いても買い方は買いのみで勝負するということである。

・金曜日に要注意！

手を狂わせる要因には曜日も関係してくる。成績表の「○」（丸印）は金曜日で毎週その日の成績が芳しくないのが分かるだろう。

金曜日に収支が伸びない理由は、単純に投資家の売り物＝株式の決済の数が多く、株価が下落しやすい曜日だからである。翌日からの休日（土日）で株式市場は休みとなり、その間でどんな事件や災害が起こっても株式の商いはできない。よってリスクを回避するために、トレーダーの大半は休日前にポジションを空にする傾向があるのだ。金曜日に限らず大型連休前にも同じことが言える。私が勤めていた証券会社は、休日前にポジションを減らすことはあっても増やすことは一切しなかった。

このような需給の偏りが顕著になるのが、後場である。そのため正確には金曜日の後場が危険となる。毎日取引をするのがデイトレーダーであっても金曜を含めた土日の３連休にして差し支えないかもしれない。金曜日に負けてしまうと、不満や不安を背負ったまま土日を迎えることになってしまう。私はせっかくの休日をうなだれて過ごすことがあった。

日次データを付けることで苦手な曜日が見えてくる。連休明けの月曜日にテンポが掴めず調子が悪いトレーダーもいるだろう。水曜日は最も値動きがある曜日だが、それが逆手になってしまうトレーダーもいるだろう。私の場合は金曜日であり、企画のためにやり通したが、苦手な曜日を知ることで「休むも相場」といった選択が可能なのである。

4月の成績（手が狂った時の修正）

手を狂わせる原因となるのは「執念（執着）」である。自分は何にこだわり、何が許せないのか、自分をコントロールするには知っておくべきことだろう。

トレードにおける一般的な例では、痛手を被った銘柄に仕返しするために熱くなることが典型であり、この結果はろくなことにならないとトレード経験者なら誰もが知っている。

しかしこの項目では日次ないし月次上（数字上）の執念である。

それは「あったはずのお金（機会損失）」についてで、例えば、1日2万円のプラス収支が3日間続くと6万円になるが、3日間のうち1日でもマイナス2万円になると、手取りは2万円に激減してしまう。

3歩進んで2歩戻る。これが数日間続いた場合は私も含め従容《しょうよう》としていられないトレーダーが多いだろう。小さな負けであっても、積み重なる小さな焦りによって手を狂わせる要因になりかねないのだ。

・口座残高を一定額にすること

冷静なトレードを維持する方法の1つは「振り出しに戻る」ことである。

負け金額の大小に関わらず、2日連続の損失を被ったら初期の口座残高、今回の私の場合は50万円に戻してからトレードを再開する。もしくは一定の利益が出たら出金して常に挑戦

2017年4月　月次成績表

損益額合計[円]	勝率	建玉保有時間	
		益出し	損切り
400,292	60.11%	2分04秒	6分46秒

※松井証券　一日信用成績表より抜粋

日次　成績表(円)

	3日	19,109	
	4日	19,387	
	5日	19,768	
	6日	28,595	
	7日	3,493	○
	10日	22,766	
	11日	53,324	
	12日	35,401	
	13日	96,077	
	14日	1,405	○
	17日	31,431	
	18日	32,470	
	19日	57,219	
A	20日	−101,340	
A	21日	77,402	○
A	24日	−51,771	
A	25日	64,746	
A	26日	19,526	
A	27日	−66,025	
A	28日	37,309	○

○＝金曜日

合計　＋400,292円

【主な取引銘柄】

アズジェント(4288)
北の達人(2930)
IIF(6545)
ネットマーケティング(6175)
アエリア(3758)
オービス(7827)
enish(3667)
サイバーステップ(3810)

者であり続けること。よく株式トレーダーのメリットは、儲かった利益を担保にして複利で儲けられることだと言われるが、それは間違いなのだ。

機関投資家（証券会社）の教育が常に正しいとは限らないが、一理あると思えるのは雇ったトレーダーの運用資金を増やさなかったことである。1億円の運用で5０００万円儲かったからと、翌月から1億5０００万円で運用を任せることはないのだ。つまり「運用資金は常に一定」なのである。満を持してトレーダーの運用資金を増やしたとしても、手が狂った翌日には元の資金へ戻される。

絶不調と絶好調は同体であり、このような節目で一気に口座をリセットすることで手を狂わせる原因となる様々な「執念」から解放されるのである。一定額の投資資金で一定額の利益を毎月積み上げることがデイトレーダーの条件と言えるだろう。

50万円と２００万円のトレードには微妙な違いがある。株式を1枚買って決済するのと10枚のそれとでは話が違ってくる、ということである。

資金が変動するとその微妙な違いの連鎖によって収支がひっくり返ることもある。勝つ者とそうでない者の差とは、そんな些細なものなのだ。私が初心者ならば、50万円の資金でいくら儲かっても最低2年は続けるだろう。

さらに、一定の資金でトレードをしていると今月の相場と自己の良し悪しが成績表から見えてくる。睡眠不足の日、昨晩お酒を飲んだ日などの状態がどう成績（数字）に表れるのか――

自己分析をするにあたっても一定の条件下の方が良いだろう。

・狂った手の回復は週単位か月単位か？

株価の高値を追っていると想定外な下落に巻き込まれることがある。成績表の20日から始まった大きなマイナスがそれである。その月、私の手が正常に戻ることはなかった。

「A」の期間は酔狂なトレードに陥っており、大敗した先月（3月）の悪夢が頭をよぎっている。先月の負け方と比べて異なっているのは、連敗でなく、勝ち負けを交互に繰り返し、うだつが上がらない状態になっていることで、以後、4月の収支は増えていない。まさか1週間以上の日数が残る19日の時点で絶好調だった4月の収支がストップするとは思ってもみなかった。

しかし、「A」の期間において悪夢の他に頭をよぎっていたものは「月をまたがないとダメだ……」という撤退宣言のような言葉である。自分の手は来月にならないと元に戻らないという意味であり、手が狂いだしたら即座にトレードを停止し、来週または来月に望みを託すのもいいだろう。この手段は、口座のリセット同様の効果を期待したものである。

少し遠回しに説明をすると、トレーダー最大の障壁とは自己の精神の安定をどう維持するかであること。

執念を解くのもそのためであり、さらに寝不足（または寝すぎ）や病気などの体調不全はトレードにどう影響するのかを把握しようとしなければならない。トレーダーは時にはネクタイやシャツの色を変えてゲンを担ぎ、良い結果が出たらその行為を繰り返し行うことで吉兆をおしはかろうとする。本来なら気分の問題に過ぎないが、株式投資の世界では、これらすべての状態が1円単位で数字に表れてしまう。

そして、私が10年以上1日も休まず相場と向き合って気づいたことは、状態の改善が「週単位」か「月単位」でなされること。よって、月間の道半ばで狂った手は月をまたがないと直らない、ということである。人間のバイオリズムが太陽と月のサイクルにおいて――のような難解な話はできないが、きっと関係しているのだろう。

株式ディーラーはサラリーマンなので、休むことは許されなかったが、デスクで沈黙し相場に触れることなく帰宅する者が少なからずいた。週ないし月がまたぐのを耐え忍んでいるのだ。

一方、自由が武器である個人投資家は、思う存分のリフレッシュ休暇がとれる。その利点を生かして狂った手の改善に努めると、自ずと無心の境地でトレードができるようになる。

最終月（絶対ルールを導き出す）

本章の冒頭で記したトレーダーの試練にまつわる一文には「ダメだしの連続から自己嫌悪に陥りながらも自分に課した掟（絶対ルール）を守ること」とある。

そしてこのことについて、投資の世界へ足を踏み入れたすべてのトレーダーの眼前にそびえ立つ「障壁」としている。

障壁の建立者は自分自身であり、執念から生じた怒りや葛藤が手を狂わせる。障壁を造らないための方法は損切りを早くすること。

しかしそれはあまりに一般的であり、身勝手な言い分に聞こえるトレーダーが多いだろう。一方、私が本章で自分に課した方法論は客観的で総体的な手段である。

利益を守ること、損失を抑えて「口座残高の数字」を残すこと。株式トレードの手法を学ぶ以前に掲げた「お金を増やす」目標を達成するには、本章で解説してきたような経験則による掟が必要である。掟は人によって異なるように思えるが、人間の本質の部分で似通ったものだと思っている。

よって、私の経験を踏まえて約４ヶ月間にわたって実戦形式で列記した掟は他のトレーダーにも当てはまり、大いに参考になるはずである。
本章の掟を「絶対ルール」としてまとめておこう。

2017年5月　月次成績表

損益額合計[円]	勝率	建玉保有時間	
		益出し	損切り
282,766	60.69%	3分11秒	9分55秒

※松井証券　一日信用成績表より抜粋

日次　成績表（円）

1日	−19,572
2日	31,183
8日	9,040
9日	31,768
10日	27,434
11日	16,037
12日	21,078
15日	32,551
16日	11,872
17日	24,897
18日	5,139
19日	−33,742
22日	23,877
23日	25,747
24日	−1,180
25日	13,460
26日	−26,146
29日	26,717
30日	41,936
31日	20,670

合計　＋282,766円

【主な取引銘柄】

アセンテック（3565）
ファイズ（9325）
グレイステクノロジー（6541）
ネットマーケティング（6175）
アエリア（3758）
リミックスポイント（3825）
うるる（3979）
サイバーステップ（3810）

1・前場9時～10時30分の間で獲得できる金額の平均値が日次の成績の基準になるようにする

デイトレーダーにとって稼ぎやすい時間帯は、①前場9時～10時30分、②後場14時～15時である。①で獲得した金額が今日の最大総合利益になるパターンが多く、①で獲得した金額を失わない限り口座残高に日当が残る。後場の②の時間帯もトレードする場合は、前場の金額を守りながらトレードをする。

また、1日における損失額を①で獲得できる金額の平均程度に努めると、挽回も早くテンポよくトレードできる。

2・株数を一律にするか株数の調整範囲を狭めてトレードをする

デイトレードで大切なことは「収支の安定」である。収支の安定が精神の安定に繋がる。大きく負けること、そして大きく勝つことも手を狂わせる根源になる。大きく勝ちにいかなければ、大きく負けることもないだろう。

３・下落相場が続いても、買い方は買いのみで勝負する

上昇を見込んだ買いと、下落を見込んだ空売りを混合してしまうと手が狂う根源になる。どんな相場であっても買いか空売りか、どちらか一方に絞ってトレードをする。

４・金曜日（連休前）の後場はトレードを控える

休日（土日）前の金曜日の後場は投資家の決済注文が多く、難しい値動きを強いられる。また、金曜日に負けてしまうと、不満や不安を背負ったまま土日を迎えることになってしまう。大型連休前にも同じことが言える。

５・口座残高を常に一定額にしてトレードをする

日次の成績が好調の時、または芳しくない時には、口座の運用資金を初期の状態にリセットする。そうすると気持ちも一新される。長く増減を繰り返した口座には多くのシガラミが存在している。「あったはずのお金」を後悔し、「まだ負けても大丈夫」と気が緩むことなど、手を狂わせる様々な「執念」から解放される。

6・手が狂いだしたら週か月をまたぐまでトレードを控える

手が狂いだしたら即座にトレードを停止し、来週または来月に望みを託す。収支日報を付けると週単位と月単位で調子が変化しているのが分かる。

ここに挙げた絶対ルールを頑なに守ることで私の5月の成績は非常に安定したものになった。同時に、精神的にも安定し、長く続ける自信が持てた。苦痛に耐えることと不安だらけがトレード人生だと多くの経験者は語るが、自分を客観的にコントロールすることで、必ずしもそのようにはならないだろう。

第6章
最強トレーダーの思考的解釈

1・トレーダーはなぜ成功し続けることが難しいのか？

証券会社へ入社して数年もの間、私は日々苦悩しながら一心不乱にトレードをしていた。渦中、ふと冷静に周りを見渡して気づいたことがあった。一貫して成績を残す者と、そうではない者の存在である。

証券ディーラーはプロのトレーダーとして職に就いているが、その中で、1割ほどのトレーダーの成績は5年を過ぎても10年を過ぎても一向に低迷する気配がなかった。

勝ち続けることが当たり前の現場で、みな同じように努力してきたつもりである。しかし、私が行く末を見守った約9割の証券ディーラーの「ピーク」は3年未満という早い段階で訪れていた。浮き沈みを繰り返しながら下降曲線をたどる成績は、次第にトレーダー本人をむしばみ、出口の見えない迷宮に落としてしまう。

3年間にわたって勝ち続けてきた有能なトレーダーたちは、なぜ低迷したのか。敗者となったのか。それを病魔とするならば、なぜ病にかかってしまったのか。

その疑問をずっと考えてきた。本項では、この謎を解き明かし、余命3年トレーダーの思考的解釈を試みる所存である。

・余命3年トレーダーの原因

まず、分かったのはトレードが経験則でしか実行できないこと。思惑や感情はさておき、あらゆる分析を用いたトレードであっても、決断はすべて自己の経験に基づいていた。過去の失敗・成功を教訓としてトレードをすることであり、一見、理にかなった印象を受ける。現に、経歴のあるトレーダーが勝利を収めれば、彼だけがなせる業だと思われるだろう。しかし前述したとおり、余命３年トレーダーは、経験を積むほど成績を低下させている。

では、トレード経験そのものが病なのだろうか。詳しく解説する前に、マーケットの性質を理解しなければならない。私が先んじてこれに触れる理由は、人間がイメージする理想的社会とマーケット社会との相違こそ、トレーダーが余命３年となってしまう根本的な原因だと気づいたからである。

私たちの理想的社会は「安全を買い」「危険を売る」ことに注力している。テレビを付ければ、リスクを回避せよと言わんばかりに、悪いニュースばかりに着目し共有しあっている。観光バスの交通事故が起これば、観光バスそのものを危険と認識して乗らなくなる。しかし実際はどの観光バスも危険というわけではない。あのバスとこのバスは同一ではないからだ。身の回りから似通った要素を見つけ出し、似通った状況を頭の中でイメージしてしまう。

たとえ一切のバスに乗らずにバスの事故を回避しても、似通った自動車事故は繰り返されてきた。この認識の差異がマーケットで見当違いな負けを誘発してしまうのだ。人間の理想的社会には、目や耳から、そしてトラウマという経験から危険を回避する情報が満ちている。そのトラウマはマーケットにおいて正反対の作用を生じる。

なぜなら、マーケットには、「危険を買い」「安全を売る」ことでしか生きられない性質があるからだ。そう、人間が理想とする社会とは正反対の性質である。

よってマーケットにおける危険・安全を人間社会に持ち込んでいくら精査したところで正確な結論には至らないだろう。トレーダーの思考をひっくり返さない限り、負けが止まることはないのである。

これまで経験の無さが幾多における失敗の原因とされているが、マーケット社会で思い通りの結果が残せない本当の理由は、私たち人間社会の経験そのものが「トラウマの塊」であるからだ。

このトラウマという経験が引き起こす問題に気づいた時、いくらマーケットに対する体験が潤沢にあっても、いくらマーケットの分析が一流であっても、成功に結び付かない理由のすべてが、これに当てはまると思えてならなかった。

長命トレーダーは先に挙げたことをよく理解している。私たちが危険（トラウマ）で手放した株式を買い、私たちが安全だと思っているところで売却して利益を得ているからだ。そして思い通りの成績を残せないトレーダーは逆の手順に努めていることになる。私たちが安全だと信じてこれまで株式を買ってきたポイントは、安全ではなかったということになる。

つまり、人間が創り出す社会であることは共通であっても、マーケットは人間社会の逆説でしか語ることができず、人間の理想とは相容れない別社会を形成していたのだ。マーケットで生きるには、アフリカのサバンナに住む肉食動物のように、危険を買って安全を売り、命（お金）を懸けて一日三食の狩りに出向くことになる。

・人間社会の理想像が手を狂わせる

経験のある有能なトレーダーが３年未満という歳月で成績のピークをつける理由について、私は他書で「トレーダーが挫折すると二度と以前のようには輝かない」といった抽象的な言い方をしてきた。この意味には、歳を取ると若い頃のような思い切ったトレードができなくなる、という理由も含まれる。

結婚した者が独身時代の成績を上回ることもなかった。妻がいて子どもがいて、仕事に精が出るのは確かかもしれないが、結果にそれを反映させた者は一人もいなかった。追いつめられるほど成績が向上することもない。人間の理想と現実には大きな隔たりがあることを、マーケットは教えてくれる。私たちが言う綺麗ごとは一切通用しない世界である。

結論から先に述べると、余命3年トレーダーはマーケット内で発生したトラウマ（マーケット内の苦い経験）の連想によって判断を狂わされている。危険を回避するよう人間社会で学んでいるからだ。不安に苛まれ、初心の頃のような勢い任せのトレードができなくなってしまう。前述した「トレーダーが挫折すると二度と以前のようには輝かない」という言葉は、正確にはトラウマを抱えて勝てなくなるという意味になる。

ことわざにあるように「二度あることは三度ある」「二の舞を演じる」という私たちの英知は、勝てば勝つほどにまた勝てるといった短絡的な思考をもたらし、負けた記憶の断片である数々の痛みは、目の前にフラッシュバックを生じさせる。観光バスの例とまったく同様の現象をマーケット内で引き起こしてしまうのだ。

それと同じようにイメージというものは、似通った状況から発生した「似通ったものでしかない」ということ。この錯覚から、私たちはマーケットで似通った失敗を何度も繰り返してしまう。

よって、過去の経験から似通った失敗を連想し、それを回避して、安全そうだと買ったポイントは思い込みでしかなく、大なり小なりの似通った負けが何度も続くことになるのだ。良き人間らしく振る舞うために得た経験は財産であるが、それは人間社会における理想的概念でしかなかった。観光バスに乗らないことと同じように、安全に平和に暮らすために、失敗したくなければマーケットから離れろといった極論を提示するだけであった。しかし、それもマーケットでは敗者である。

日々のトレードにおける似通った失敗の連鎖から自信を喪失し、一手を狂わせて、有能なトレーダーは病魔で石化してしまう。このように、人間であるトレーダーはマーケットに対して、負ければ負けるほどトラウマによって負けてしまう頓狂な弱点を帯びている。

人間社会とマーケットの間に、トレーダーの思い込みや経験によるトラウマ、そして人間の理想が入り込んで、2つに引き裂いてしまっているのである。その理想（もしくはトラウマ）を「排除」した人間社会とマーケット社会は、本来まったく同一であり、真の姿がマーケットである。安全に、豊かに暮らすべく人間社会で培った理想像がトレーダーの手を狂わせているのだ。

・ビギナーズラックの再現

ある日、私は友人のA君から株式投資の相談を受けた。彼はアベノミクスで株式投資を促され、その世界に足を踏み入れたばかりの初心者だった。私は政府と違って投資への誘い人ではなく、どちらかというと警告を発してしまうタイプなので、彼に気の利いたアドバイスをしてあげられなかった。

しばらくして、またA君が私のところへ訪ねてきた。満足気な趣の彼は、自分の銘柄一覧を表示させたスマートフォンを差し出してきた。

何を目にしても表に出さぬよう、すました眼差しでスマートフォンの画面を覗き込んだ。その時、私は想定外の驚きを隠すことができなかった。なぜなら、私には到底真似できないことが起こっていたからだ。スマートフォンの画面に映し出された彼のポートフォリオには、利益25％以上の銘柄がズラリと並んでいた。

「高野さん、僕、買いすぎちゃったかな。まだまだ上がりますよね？」

「いや、すごいね……。もう十分な利益じゃないの？」

A君の資産は２倍以上に膨れていた。証券会社に勤務していた私の威厳が崩れたのと同時に、悔しながらも頭をよぎった言葉はビギナーズラック――

A君はまだマーケットの不確実性を知らないから今ある利益を放置できるのだ。その利益は明日にでもテロや地震があったら消えてしまうことをA君は考えていない。しかし、そんな警告を私がしたところで僻みにしか聞こえないだろうし、そんなことを言っていては投資などできないと反論されてしまうだろう。

ポートフォリオにヘッジが入っていなければ眠れないファンドマネージャーがいるように、プロになればなるほど、A君のように何も考えずに投資する行為が、いかに難しいのかを知っているのである。

・なぜ、ビギナーズラックは継続しないのか？

ビギナーズラックとは最初の１回、２回を驚異的な確率で勝利することであり、その神秘を神仏から与えられるのは、誠実で良い人間だけであると、まことしやかに語られている。

しかし、ビギナーズラックの神秘が継続しない理由を考えたことがあるだろうか。

その理由の1つは、前項目で解説した「トラウマ」である。A君は、投資の怖さを知らないから勝てている。つまり、ビギナーズラックは無知・無心の状態でのみ発する力である。

一方、経験を積み、投資の怖さを知ったトレーダーにビギナーズラックは訪れない。というよりも自ら訪れさせない行動をとっていると説明した方が正解だろう。ファンドマネージャーの基本手法を例にすると、割安銘柄を買って割高の銘柄を空売りするロング・ショート戦略など、彼らはリスクの根絶を図ることに注力している。さらには、株式を買ったと思ったら日経平均先物をショートするなど、ファンドマネージャーの動きはA君の目には矛盾だらけに映るだろう。

本当に実力があるならヘッジなど必要ないし、上がると思う株式を買うだけで事が済むはずである。しかし、投資の怖さを知ったトレーダーにはそれができないのである。

ビギナーズラックの神秘が継続しないもう1つの理由は、「勉強」である。

「初心者の僕には満足な結果だと思うけど、もっと勉強して稼ぎたいんだ!」

投資の魅力にとりつかれたA君は、マーケットを隅々まで勉強すれば、以前にも増した勝利が手に入るはずだと話していた。

「何を勉強するかによるよ」

トレードで末永く勝ち続けるには、勉強しないで勝つ術を学ぶ必要があるのだ。私は有名な和訳された指南書を何冊も読んだが役に立たなかった。値動きがそこにあるのに、それとはまったく関係のない話をしているのだ。複雑な計算式はもとより企業情報に独自のアプローチを加えたものなど、私はそんな理屈に懐疑的である。

株式は需給でのみ動くことを理解しなければならないし、株式の買われ方で需給がどう傾くのかをパターンとして認識していくしか方法がないと思っている。

相場の流れに乗ることが大切で、私が見てきたすべての勝ち続けるトレーダーは、ビギナーズラックの神秘を「継続的に再現」していたのだ。要するに、マーケットや値動きに対して、無心の状態こそトレーダーに適した姿なのである。そこには煮え湯をのまされたマーケットのトラウマも人間社会の理想もないのだ。

投資の基礎とルールの勉強は必要不可欠だが、それ以外の都合のよい情報をマーケットに持ち込まないようにしよう。

例えば、株価が下落し続けて、自分の保有している銘柄が含み損を抱えているとする。その銘柄はＰＥＲ20倍以下になっているが、そこに勉強して得た「ＰＥＲ20倍以下は割安」という情報を持ち込み、損切をしないための理由にしないということである。株式を買う時点の情報としては正しいが、需給が思っていた方向と逆に傾いたのが明確になったら、素直に決済するための勉強が必要なのである。

2・現代を生きるトレーダーは情報をいかに扱うべきか？

ここ数年の変化といえば情報メディア新世紀であり、インターネットの普及と活用によって欲しい情報が瞬時に取得できることだが、こと投資環境においてはニュースが錯乱しているように映る。特に投資情報の取得ツールとして個人ブログとツイッターが台頭している。ありとあらゆる考えと言葉、手法と値動きの情報が刻一刻と目の前を過ぎるなかで、私たちはこれを投資に生かそうと常時備えている。

しかし、手段が増えれば増えるほど投資が難しくなる現実がある。

プロトレーダーは言うまでもなく類まれな経験を積んだ者に違いないが、その経験とは手段を増やすためではなく、減らすための経験なのである。よって、聞いた話を投資判断に持ち込むことはしないだろう。さらに、驚異的な勝率を成すビギナーズラックの境地を目指すのがプロトレーダーであり、その無心の境地こそトレーダーに適した姿であるなら、耳に入る情報のすべてが投資判断を狂わせるノイズになりかねない。

・自分の投資に責任を持つ

インターネットには正しい情報と偽物の情報とが入り乱れている。正しい情報とは情報ベンダーが配信する中立的なニュースであり、偽物の情報とは個人が配信する買った銘柄等の買い煽りである。

真意に関係なく、これらの情報によって時には大相場を形成することもある。しかし、偽物の情報によってもたらされた相場は、その後に大きな修正を余儀なくされる。

買い煽りについて、表向きでは誰もが「そんな謳い文句に引っかかるわけないよ」といった表情を見せる。しかし、１００％に近い投資家がブログやツイッターを情報の収集源としている現代において、投資判断のすべてをネット上の発言に頼っている投資家も少なくないだろう。

例えば、投資を始めたばかりの投資家が手掛ける株式は、ブログやツイッターで目についた銘柄に違いないだろう。盛り上がっていた株式を購入し、一時的な含み損益に一喜一憂しながら投資の世界へ足を踏み入れる。そして、愛してやまない銘柄を「お勧めですよ」と、自分も同じように、ネット上の誰かへ買い煽りをするようになる。

このようなパターンは初心者によくある笑い話のようなものだが、人気の剥奪で下落する性質を持った株式を保持し、含み損に耐えかねて早々に株式市場から離れる投資家が後を絶たないのだ。私も例外ではなく、この件で思い起こすのは、２００６年頃に起こったライブドア事件についてで、その悪夢は事件の前夜から始まっていた。

当時、青天井の上昇を続けるライブドア株のヤフー掲示板は、まさに宴会場の様子で、先行きの明るいあらゆる楽観的な書き込みに溢れていた。掲示板の中で人との繋がりが生まれて、同じ株式を持つ同士達は結束していた。そんな批判的な書き込みを受け付けない宴会場のような掲示板へ、その日、奇妙な一文が投稿された。

――明日、東京地検の捜査が入る――

東京地検……？

10秒に1レスされていた掲示板の流れが停止した。これはリークなのか――閲覧者は固唾を飲んで次の書き込みを待ち受けた。

ようやく投稿されたものはライブドアの公衆無線ＬＡＮの展望についてだった。全員がリークを無視し、都合の悪い意見を排除したことに安堵したのだ。そして先の掲示板よりも楽観的投稿に拍車がかかった。もう大丈夫だと思いたいが、そんなはずもなく、翌日ライブドアに東京地検特捜部の強制捜査が入り、ライブドア株は上場廃止に追い込まれた。

私の失敗は、これだけで済まなかった。

ライブドア関連企業の株式を保有していたのだ。本体はダメでも関連企業に影響はない、関連企業の上場は維持される、といったブログや掲示板の書き込みを鵜呑みにしてしまったのだ。結果は、関連企業も上場廃止である。

私は自分で考えることを放棄していた。

株式投資の勉強が、株式のブログや掲示板を巡回することになっていた。有名ブロガーの成功とその可能性を、自分に都合よく転嫁して胸を躍らせていた。真似をすれば儲かると思っていた。しかし、掲示板やブログには傷を舐め合う以外に何の力もなかった。都合の悪い情報を排除しているだけだった。

ライブドアショック以降、私がブックマークしていた25のブログのうち、22の更新が途絶えた。どの人も適当な言葉だけ残して消えていった。

余談であるが、投資のアドバイスをするには、投資助言業の免許の取得が必要であり、金融庁に登録された業者のみが行うことができる。その免許を取得した場合においても「絶対に儲かる」などと不確定なことをあたかも絶対的なことのように言う過大広告は禁止されている。

しかし裏を返せば「絶対」という文言を避ければ誰でも助言できるということであり、個人投資家の目の届く先には「上がるらしい」「すごいことになるだろう」といった言葉の綾を凝らした買い煽りが常にある。

顔を知らなくても、ネット上で長い付き合いがあると信頼のおける人になりえてしまう。人間性がそうさせるのである。

雑誌に特集されていた著名な投資家がブログ上で買った銘柄について書き留める。翌日、その銘柄は上昇して始まる。無名な人の買い煽りがダメで、著名な人の買い煽りなら信じていいのだろうか。

材料の真意がどうであれ、需給の傾きに乗るのがトレーダーであるが、このケースは投資家の姿勢として間違っている。以前の私のように、自分で考えた投資ではなく、責任転換をしているに過ぎない。近年のような相場全体が上昇トレンドの時期だと気づかないが、下降トレンドに突入した途端に上手くいかなくなってしまう。

日経平均株価が30％上昇して、ある投資家の資産が30％増えた時、果たしてそれは実力なのだろうか、彼はスーパートレーダーなのだろうか。信用取引のレバレッジで資産が90％増えたとしても、同じことが言えてしまう。ツイッターやブログ、掲示板等で情報収集をして勝ったのではなく、相場に助けられて勝てているのではないだろうか。

・人の真似はできない

私が勤めていた証券会社の株式ディーラーの間には師弟の関係があった。ライブドアで大損した私は、相場を憎み、奪われたものを奪い返しに証券会社の門を叩いた。仕返しするためにやってきたのだ。師匠である先輩ディーラーに血走った眼付きでどうやったら儲かるのかを問いただし、理不尽な市場で勝つ秘訣を知るために、社内フロアを一心不乱に嗅ぎ回った。

いかなる投資の失敗も自分のせいだと受け入れるしかないが、ブログや掲示板を信じ、はなから人のせいにして投資をしてきた私には許すことができなかった。そして、個人を食い物にする機関投資家にはどんな情報があるのか暴きたかった。

しかし、何も無かったのだ。年間数億円の利益を上げる株式ディーラーの売買履歴を目にしてもよく分からない。話を聞いても「何となく買った」としか言わない。当時、50名前後の株式ディーラーが在籍していて、50通りのやり方があった。本書に綴ったベースこそ同じだが、そこから先は独自の世界だった。先輩ディーラーは私にこう言った。
「人の真似はできないよ。凄腕ディーラーと同時に株式を買ったとしても、結果は両者で正反対になるだろうね。僕達は負けを減らすことだけを考えている。負けを減らせば利益が残る。それだけの話なんだ」

プロの世界では手口がバレたら叩かれるのが常であり、誰かのポートフォリオが公開されれば、手の内を明かしたことになり、売り込まれるものである。誰かが買った後で（上値で）自分が追従して買う行為は不利でしかなく、なぜ、多くの個人投資家がプロや著名なブロガーの上値ばかりを買わされているのか。なぜ、いまだにその投資行動が正当化され続けているのかが疑問である。

ブログや掲示板等の意見は参考程度に受け止め、決して真似をしないこと。そもそも真似ても同じではないことを知っておくべきだろう。

おわりに

本書の原稿の執筆が終盤に差し掛かる２０１７年の晩秋、日経平均株価は2万２６００円。東証一部のその日の売買代金は３兆円を優に超えて、20年前の高値を次々と更新していた。そして、日経平均株価が史上初の15連騰を達成したことにより、投資家の間では「狂乱相場」の声が聞こえてくるようになった。

世界的に広がった金融緩和政策によってもたらされたお金が投資へ向かい、市場を巨大化させているのだ。もはや世の中で動く99％のお金が投資の資金である。

私たちは幸運にもこれを目の当たりにできる。自身が資本家でないにせよ、株式市場にアクセスし、時勢をひと目見ようと試みた者の大半が、その虜になっている。株式市場に人が溢れているのだ。

上・下・上・下――

上昇と下降を繰り返す値動きに高揚し、注文の１つ１つが人種を問わない人に見えてくる。そこは、数千の屋台がひしめき合うアジアの夜市のように、興奮と熱狂に包まれている。

しかし、巨大化した市場には、怖さがある。己の無力さを思い知らされた人々を平然と吐き出してしまう。投資で失敗した人は、何がいけなかったのか、それすら分からず大きな渦の外側へ追いやられてしまう。時には、都会のスクランブル交差点で1人ぽつんと佇んでいるトレーダーへ、私は声を掛けてきた。「大丈夫、誰でも通る道だよ」と。路頭に迷うのはプロも初心者も同じで、上手くいかない者をあざ笑うことなどできないのだ。

少し余談になるが、本書の編集を担当してくれた彩図社の本井氏も、私と同じく看過できない性分のようである。本こそすべての出版社において「僕は本を読まない」と言う私に目を丸くして興味を示し、その都度ロードマップを提示してくれた。見当違いの原稿を上げながらも軌道修正しながらここまで来ることができた。今の私は、本を読んで学ぶことの楽しさを知っている。この場を借りて彼に謝辞を述べたい。

冒頭で記した売買代金3兆円、市場の巨大化、狂乱相場など、これらの興奮と熱狂に揶揄したキーワードが意味するものは、株価の高さであり、値幅の大きさである。

業績云々で語る相場はとうの昔に終わっている。上下100円で動いていたものが上下1000円に変化するようなもので、一般のトレーダーはその値動きに翻弄され続けるだろう。そう、トレードの技術が求められる時代なのだ。そして、本書を読み上げた方々は一定水準の力量の持ち主である。プロと呼ばれる人達と同列に、どんな相場にも、力むでもなければ臆しもせず、向かい合うことができる。

また、トレードの部分に的を射る本書の手法について、投機性が強いと感じたという意見もあるだろう。明らかに、配当金や業績に着目した投資法と一線を画しているように映ってしまう。

しかし、どんな考えを基にした投資法であっても、それが簡素であっても複雑であっても、一手を打つことに変わりなく、成功するには自身のなしうる限りの投機性が必要であり、株式を売買するタイミングを吟味できるトレーダーでなければならないのである。

本書でまとめた事項は、トレーダーを続けるための必須科目だと思っている。儲けるためではなく、リスクを最小化することにすべての手法が通じている。

負けを減らせば利益だけが積みあがっていく――負けのコントロールは、明日も分からず投資に勤しむトレーダーにとって唯一与えられた自由でもある。自由だからこそ難しいのであり、本書を存分に活用してもらいたいと思っている。

株式投資は、相場の行く末ではなく、自分の未来に期待するものである。失敗だらけの投資であるが、その道の向こう側に何が見えるのか。時たま顔を見せる自分の未来を楽しむことができる。だから、みんなが上手くいくことを願っているし、この先、路頭に迷うことがあっても、私はこうして語り掛けるだろう。

その時、次に私は何を伝えるべきか、相場の中で探しておこう。

２０１８年３月　高野　譲

【著者紹介】

高野　譲（たかの　ゆずる）
証券トレーダー。個人投資家10年と機関投資家10年の経歴を持つ。現在は独立し投資関連事業を法人化、アジアインベスターズ代表。著書に『図解　株式投資のカラクリ』『株式ディーラーのぶっちゃけ話』（いずれも彩図社）がある。

超実践　株式投資のプロ技

平成30年 5 月22日第一刷

著　者　　高野　譲

発行人　　山田有司

発行所　　株式会社　彩図社
東京都豊島区南大塚3-24-4
MTビル　〒170-0005
TEL：03-5985-8213　FAX：03-5985-8224

印刷所　　シナノ印刷株式会社

URL　　http://www.saiz.co.jp
https://twitter.com/saiz_sha

ISBN978-4-8013-0297-6 C0033